100 MARINAADIRETSEPTI, MIDA SAAB SOOLATA, PRAADIDA JA SÜÜA

Ülim marineerimisretseptide kollektsioon

INDREK LAUR

Autoriõigus materjal ©2024

Kõik õigused kaitstud

Ühtegi selle raamatu osa ei tohi mingil kujul ega vahenditega kasutada ega edastada ilma kirjastaja ja autoriõiguste omaniku nõuetekohase kirjaliku nõusolekuta , välja arvatud ülevaates kasutatud lühitsitaadid. Seda raamatut ei tohiks pidada meditsiiniliste, juriidiliste või muude professionaalsete nõuannete asendajaks.

SISUKORD

SISUKORD 3
SISSEJUHATUS 6
PUUVILJA-MARINAADID 7
   1. Maitsestatud viigimarjakurk 8
   2. Marineeritud peet 10
   3. Segatud puuviljakurgid 12
   4. Maitsestatud õunarõngad 14
   5. Cantaloupe hapukurk 16
   6. Mango hapukurk 18
   7. Magus ja vürtsikas ananassikurk 20
   8. Ingverpirni hapukurk 22
   9. Jõhvika-apelsini hapukurk 24
  10. Kiivi Jalapeño hapukurk 26
  11. Ploomi ja ingveri hapukurk 28
  12. Troopiliste puuviljade hapukurk 30
  13. Vaarika Balsamico Hapukurk 32
  14. Tsitrusviljade ingveri hapukurk 34
  15. Mee-laimi mangohapukurk 36
  16. Kirsi mandli hapukurk 38
  17. Sidruni basiiliku hapukurk 40
  18. Guajaav tšilli hapukurk 42
  19. Mustika piparmündi hapukurk 44
  20. Starfruit Ingveri hapukurk 46
  21. Maitsestatud apelsini hapukurk 48
  22. Magusad ja teravad peedihapukurgid 50
KÖÖGIVILJA MARINAADID 52
  23. Tilli hapukurk 53
  24. Leiva-või-hapukurk 56
  25. Fresh-Pack tilli marineeritud kurki 58
  26. Suvikõrvitsa-ananassi hapukurk 60
  27. Magusad kornišonid 62
  28. Neljateistkümnepäevane magus hapukurk 64
  29. Kiired magusad hapukurgid 66
  30. Marineeritud spargel 68
  31. Marineeritud tilli oad 70
  32. Marineeritud kolmeoa salat 72
  33. Marineeritud porgandid 74
  34. Marineeritud lillkapsas / Brüssel 76
  35. Chayote ja Jicama Pickle 78
  36. Leiva ja võiga marineeritud jicama 80

37. Marineeritud terved seened 82
38. Marineeritud tilli Okra 84
39. Marineeritud pärlsibul 86
40. Sidruni ja pune marineeritud paprika 88
41. Marineeritud paprika 90
42. Marineeritud kuum paprika 92
43. Marineeritud Jalapeño pipra rõngad 94
44. Marineeritud kollase pipra rõngad 96
45. Marineeritud magusad rohelised tomatid 98
46. Marineeritud leiva ja võiga suvikõrvits 100
47. S märg hapukurk 102
48. S viilutatud tilli hapukurk 104
49. S viilutatud magusad hapukurgid 106

SEGUD KÖÖGIVILJADE MARINAADID 108

50. Piccalilli 109
51. Marineeritud köögiviljasegud 111
52. Giardiniera 113
53. Magus ja vürtsikas segahapukurk 115
54. Vahemere marineeritud köögiviljad 117
55. Teravad Aasia marineeritud köögiviljad 119
56. India segahapukurk (Achaar) 121

KIMCHI 123

57. Napa kapsas Kimchi 124
58. Hiina kapsas ja Bok Choy Kimchi 126
59. Hiina kimchi 129
60. Valge Kimchi 131
61. Redis Kimchi 133
62. Kiire Kimchi kurgiga 136
63. Vegan Kimchi 138
64. Baechu Kimchi (täiskapsa kimchi) 140
65. Kurk Kimchi/Oi- Sobagi 142
66. Valge redis Kimchi/ Kkakdugi 145
67. Murulauk Kimchi/Pa-Kimchi 148

SAURKRAUTS 150

68. Põhiline hapukapsas 151
69. Maitsestatud marineeritud kapsas 153
70. Vürtsikas Aasia marineeritud kapsas 155
71. Õunasiidri äädikas Marineeritud kapsas 157
72. Tilli ja küüslaugu marineeritud kapsas 159
73. Õuna ja porgandi hapukapsas 161
74. Ingveri ja kurkumi hapukapsas 163
75. Jalapeño ja küüslaugu-hapukapsas 165
76. Peet ja kapsas Hapukapsas 167

77. Ananassi Jalapeño hapukapsas 169
78. Curry Kraut 171
79. Apelsini ja rosmariini hapukapsas 173
80. Tilli hapukurk Hapukapsas 175
81. Suitsupaprika hapukapsas 177

MARINEERITUD TŠATNID JA MAITSEAINED 179

82. Chayote Pear Relish 180
83. Tangy Tomatillo Relish 182
84. Marineeritud roheliste tomatite maitse 184
85. Mango ingveri salsa 186
86. Hapukurk Relish 188
87. Tomatillo ja avokaado maitse 190
88. Marineeritud paprika-sibula maitse 192
89. Marineeritud maisi maitseaine 194
90. Vürtsikas Jicama Relish 196
91. Marineeritud roheliste tomatite maitse 198
92. Marineeritud paprika-sibula maitse 200
93. Vürtseeritud virsiku-õunasalsa 202
94. Vürtsikas kaneeli jicama maitse 204
95. Jõhvika apelsini Chutney 206
96. Mango Chutney 208
97. Jõhvika-apelsini maitse ingveriga 210
98. Marineeritud viigimarja ja punase sibula chutney 212
99. Röstitud punane pipar ja pähkel 214
100. Ananassi piparmündi chutney 216

KOKKUVÕTE 218

SISSEJUHATUS

Sukelduge teravate, krõmpsuvate ja maitsvate hõrgutiste maailma ülima marineerimisretseptide kogumikuga "100 marinaadiretsepti, mida saab soolata, praadida ja süüa", mis tõstab teie maitsemeeli ja muudab tavalised koostisosad erakordseks maiuspalaks. See kokaraamat on teie teejuht marineerimiskunsti juurde, kus soolvee ja aja alkeemia muudab puuviljad, köögiviljad ja palju muud vastupandamatuks ja maitsvaks loominguks. Olge 100 hoolikalt koostatud retseptiga valmis asuma kulinaarsele seiklusele, mis tutvustab marineeritud hõrgutiste mitmekülgsust ja maitsvat maitset.

Kujutage ette erksate toonidega vooderdatud purke, millest igaüks sisaldab ainulaadset segu vürtsidest, ürtidest ja marineerimismaagiast. "Marineeritud" ei ole ainult retseptide kogum; see tähistab igivana traditsiooni säilitada, täiustada maitseid ja lisada oma toidule meeldivat maitset. Olenemata sellest, kas olete kogenud hapukurk või uudishimulik algaja, need retseptid on loodud selleks, et inspireerida köögis loovust ja rõõmustada teie maitset iga terava suutäiega.

Klassikalistest tillihapukurkidest kuni uuenduslike marineeritud puuviljadeni ja krõbedaks praetud hapukurgist kuni suussulavate marineeritud lisanditeni – see kollektsioon hõlmab marineerimisvõimaluste kogu spektrit. Olenemata sellest, kas korraldate suvist grilli, loote vapustavat küpsetusplaati või soovite lihtsalt oma igapäevastele toidukordadele pitsat lisada, on "Pickled" teie marineerimismeisterlikkuse allikas.

Liituge meiega, kui uurime soolvee ümberkujundavat jõudu, maitsete tasakaalustamise kunsti ja marineeritud meistriteoste loomise rõõmu, millest saavad teie kulinaarse repertuaari tähed. Niisiis, haarake oma purgid, käärige käised üles ja sukeldugem marineerimise maailma saates "100 marinaadiretsepti, mida saab soolata, praadida ja süüa".

PUUVILJA-MARINAADID

1.Maitsestatud viigimarjakurk

KOOSTISOSAD:
- 2 tassi värskeid viigimarju, poolitatud
- 1/2 tassi palsamiäädikat
- 1/4 tassi mett
- 1 tl sinepiseemneid
- 1/2 tl musta pipart
- 1/2 tl kaneeli
- Näputäis soola

JUHISED:
a) Sega potis palsamiäädikas, mesi, sinepiseemned, must pipar, kaneel ja näputäis soola. Hauta, kuni segu veidi pakseneb.
b) Lisa kastrulisse poolitatud viigimarjad ja küpseta, kuni viigimarjad on pehmenenud.
c) Enne puhastesse purkidesse viimist laske vürtsidega viigimarjakurgil jahtuda. Sulgege ja jahutage.
d) See hapukurk on suurepärane lisand salatitele või seda saab serveerida röstitud liha kõrvale.

2.Marineeritud peet

KOOSTISOSAD:
- 7 naela. peedist
- 4 tassi 5% äädikat
- 1-2 teelusikatäit marineerimissool
- 2 tassi suhkrut
- 2 tassi vett
- 2 kaneelipulka
- 12 tervet nelki
- 4 sibulat , koorida ja õhukesteks viiludeks d

JUHISED:
a) okei peet pehmeks, umbes 25 minutit.
b) Lahedad peet ja nahkade libisemine. Viiluta peet.
c) Segage äädikas, sool, suhkur ja mage vesi.
d) Seo vürtsid riidest kotti ja lisa segule .
e) Lisa peet ja sibul. Hauta 5 minutit.
f) Eemaldage vürtsikott.
g) Täitke kuumad purgid peedi ja sibulaga, jättes 1/2 tolli ruumi .
h) Lisage kuum äädikalahus, jättes 1/2 tolli ruumi .
i) Vabastage õhumullid.
j) Sulgege purgid tihedalt, seejärel kuumutage 5 minutit veevannis.

3.Segatud puuviljakurgid

KOOSTISOSAD:
- 3 naela. virsikud
- 3 naela. Pirnid , kooritud , poolitatud d , südamik d ja kuubikuteks lõigatud
- 1 1/2 naela. alaküps seemneteta roheline viinamari
- 10 untsi purk maraschino kirsse
- 3 tassi suhkrut
- 4 tassi vett

JUHISED:
a) Kastke viinamarjad askorbiinhappe lahusesse .
b) Kastke virsikud keevas vees 1 minut, et nahk lahti tuleks.
c) Koorige nahad. Lõika pooleks, kuubik ja hoia lahuses koos viinamarjadega.
d) Lisa pirnid .
e) Nõruta segatud puuviljad.
f) Keeda pannil suhkur ja vesi . Lisage igasse kuuma purki 1/2 tassi kuuma siirupit
g) Seejärel lisa mõned kirsid ja täitke purk õrnalt segatud puuviljade ja veel kuuma siirupiga.
h) Jätke 1/2 tolli ruumi .
i) Vabastage õhumullid.
j) Sulgege purgid tihedalt, seejärel kuumutage 5 minutit veevannis.

4.Maitsestatud õunarõngad

KOOSTISOSAD:
- 12 naela. kõvad hapukad õunad , pestud, viilu d, ja südamik d
- 12 tassi suhkrut
- 6 tassi vett
- 1/4 tassi 5% valget äädikat
- 8 kaneelipulka
- 3 supilusikatäit tervet nelki
- 1 tl punast toiduvärvi

JUHISED:
a) Ma mmerse õunad askorbiinhappe lahuses .
b) Kombineeri suhkur, vesi, äädikas, nelk, kaneelikommid ja -pulgad ning toiduvärvid.
c) Segage ja hauta 3 minutit.
d) Nõruta õunad, lisa kuumale siirupile ja keeda 5 minutit.
e) Täitke kuumad purgid õunarõngaste ja kuuma maitsestatud siirupiga, jättes 1/2 tolli ruumi .
f) Vabastage õhumullid.
g) Sulgege purgid tihedalt, seejärel kuumutage 5 minutit veevannis.

5.Cantaloupe hapukurk

KOOSTISOSAD:
- 5 naela. 1-tollistest kantaluubikuubikutest
- 1 tl purustatud punase pipra helbeid
- 2 kaneelipulka
- 2 tl jahvatatud nelki
- 1 tl jahvatatud ingverit
- 4 1/2 tassi siidri 5% äädikat
- 2 tassi vett
- 1 1/2 tassi valget suhkrut
- 1 1/2 tassi pruuni suhkrut

JUHISED:
ESIMENE PÄEV:
a) Asetage cantaloupe, piprahelbed, kaneelipulgad, nelk ja ingver vürtsikotti.
b) Sega potis äädikas ja vesi. Kuumuta keemiseni.
c) Lisage vürtsikott ja hautage 5 minutit, liikudes juhuslikult.
d) Vala kaussi melonitükkidele.
e) Hoia üleöö külmkapis.

TEINE PÄEV:
f) P meie äädika lahus kastrulisse ; lase aurul keema.
g) Lisa suhkur ja melion ning kuumuta uuesti keemiseni.
h) S imme r , umbes 1 kuni 1/4 tundi. Kõrvale panema.
i) Kuumuta ülejäänud vedelik veel 5 minutit keemiseni.
j) Lisage cantaloupe ja laske see uuesti keema.
k) Valage tükk s kuuma pinti purkidesse, jättes 1 tolli ruumi.
l) Vala peale keev siirup, jättes 1/2 tolli ruumi.
m) Vabastage õhumullid.
n) Sulgege purgid tihedalt, seejärel kuumutage 5 minutit veevannis.

6.Mango hapukurk

KOOSTISOSAD:
- 2 tassi toorest mangot, kooritud ja tükeldatud
- 1/2 tassi sinepiõli
- 1 spl sinepiseemneid
- 1 tl lambaläätse seemneid
- 1 tl apteegitilli seemneid
- 1 tl kurkumit
- 1 spl punase tšilli pulbrit
- 1 spl soola
- 1 spl jaggeri (valikuline, magususe jaoks)

JUHISED:
a) Kuumutage sinepiõli, kuni see suitseb, seejärel laske sellel veidi jahtuda.
b) Rösti pannil sinepiseemned, lambaläätse seemned ja apteegitilli seemned lõhnavaks. Jahvata need jämedaks pulbriks.
c) Sega jahvatatud vürtsipulber kurkumi, punase tšilli pulbri, soola ja jaggeriga.
d) Sega kausis kuubikuteks lõigatud toores mango vürtsiseguga.
e) Vala veidi jahtunud sinepiõli mangosegule ja sega korralikult läbi.
f) Tõsta mangohapukurk puhastesse purkidesse, sule tihedalt ja lase enne serveerimist paar päeva laagerduda.

7.Magus ja vürtsikas ananassikurk

KOOSTISOSAD:
- 2 tassi ananassi, tükeldatud
- 1/2 tassi valget äädikat
- 1/2 tassi suhkrut
- 1 tl sinepiseemneid
- 1 tl apteegitilli seemneid
- 1 tl punaseid tšillihelbeid
- 1/2 tl kurkumit
- 1/2 tl musta soola

JUHISED:
a) Sega potis valge äädikas, suhkur, sinepiseemned, apteegitilli seemned, punased tšillihelbed, kurkum ja must sool. Kuumuta kuni suhkur lahustub.
b) Lisa kastrulisse kuubikuteks lõigatud ananass ja hauta, kuni ananass veidi pehmeneb.
c) Enne puhastesse purkidesse viimist laske magusal ja vürtsikal ananassikurgil jahtuda. Sulgege ja jahutage.
d) See hapukurk on maitsev grill-liha kõrvale või seda saab nautida ka eraldi.

8.Ingverpirni hapukurk

KOOSTISOSAD:
- 2 tassi pirne, kooritud ja viilutatud
- 1/2 tassi õunasiidri äädikat
- 1/2 tassi mett
- 1 spl värsket ingverit, riivitud
- 1 tl sinepiseemneid
- 1/2 tl kaneeli
- 1/2 tl nelki
- Näputäis soola

JUHISED:
a) Sega potis õunaäädikas, mesi, riivitud ingver, sinepiseemned, kaneel, nelk ja näputäis soola. Lase keema tõusta.
b) Lisa kastrulisse viilutatud pirnid ja küpseta, kuni pirnid on pehmed, kuid mitte pudrused.
c) Enne puhastesse purkidesse viimist laske ingveriga pirnihapukurgil jahtuda. Sulgege ja jahutage.
d) See hapukurk sobib hästi juustu ja kreekeritega või sealiharoogade maitseainena.

9. Jõhvika-apelsini hapukurk

KOOSTISOSAD:
- 2 tassi värskeid jõhvikaid
- 1 tass apelsinikoort, õhukeselt viilutatud
- 1 tass suhkrut
- 1 tass valget äädikat
- 1 tl kaneeli
- 1/2 tl nelki
- Näputäis soola

JUHISED:
a) Sega kastrulis suhkur, valge äädikas, kaneel, nelk ja näputäis soola. Kuumuta tasasel tulel, kuni suhkur lahustub.
b) Lisa kastrulisse värsked jõhvikad ja õhukeseks viilutatud apelsinikoor. Küpseta, kuni jõhvikad lõhkevad ja segu pakseneb.
c) Laske jõhvika-apelsini hapukurgil enne puhastesse purkidesse viimist jahtuda. Sulgege ja jahutage.
d) See hapukurk on pidulik lisand pühadetoitudele ja sobib hästi linnuliharoogadega.

10. Kiivi Jalapeño hapukurk

KOOSTISOSAD:
- 2 tassi kiivi, kooritud ja viilutatud
- 1-2 jalapeñot, viilutatud (kohandada vastavalt vürtside eelistustele)
- 1/2 tassi riisiäädikat
- 1/4 tassi mett
- 1 tl musti seesamiseemneid
- Näputäis soola

JUHISED:
a) Sega kausis riisiäädikas, mesi, mustad seesamiseemned ja näputäis soola. Segage, kuni see on hästi segunenud.
b) Lisa kaussi viilutatud kiivi ja jalapeñod, tagades, et need on äädika seguga kaetud.
c) Laske kiivi jalapeño hapukurgil vähemalt tund enne puhastesse purkidesse viimist marineerida. Sulgege ja jahutage.
d) See hapukurk lisab salatitele või grillkala lisandiks magusat ja vürtsikat särtsu.

11. Ploomi ja ingveri hapukurk

KOOSTISOSAD:
- 2 tassi ploome, kivideta ja poolitatud
- 1/2 tassi õunasiidri äädikat
- 1/4 tassi pruuni suhkrut
- 1 spl värsket ingverit, riivitud
- 1 tl sinepiseemneid
- 1/2 tl koriandri seemneid
- Näputäis soola

JUHISED:
a) Sega kastrulis õunaäädikas, pruun suhkur, riivitud ingver, sinepiseemned, koriandriseemned ja näpuotsaga soola. Hauta, kuni suhkur lahustub.
b) Lisa kastrulisse poolitatud ploomid ja küpseta, kuni ploomid on pehmed.
c) Enne puhastesse purkidesse viimist laske ploomi- ja ingverikurgil jahtuda. Sulgege ja jahutage.
d) See hapukurk on suurepärane maitseaine grillitud liha kõrvale või seda saab nautida juustu ja kreekeritega.

12. Troopiliste puuviljade hapukurk

KOOSTISOSAD:
- 1 tass mangot, tükeldatud
- 1 tass ananassi, tükeldatud
- 1 tass papaiat, tükeldatud
- 1/2 tassi laimimahla
- 1/4 tassi mett
- 1 tl tšillipulbrit
- 1/2 tl köömneid
- Näputäis soola

JUHISED:
a) Sega kausis tükeldatud mango, ananass ja papaia.
b) Vahusta eraldi kausis laimimahl, mesi, tšillipulber, köömned ja näpuotsaga soola.
c) Valage kaste troopiliste puuviljade segule ja segage, kuni see on hästi kaetud.
d) Laske hapukurgil enne puhastesse purkidesse viimist vähemalt tund aega marineerida. Sulgege ja jahutage.
e) See troopiliste puuviljade hapukurk on värskendav lisand suvistele salatitele või seda saab serveerida grillitud mereandidega.

13. Vaarika Balsamico Hapukurk

KOOSTISOSAD:
- 2 tassi värskeid vaarikaid
- 1/2 tassi palsamiäädikat
- 1/4 tassi mett
- 1 tl musta pipart
- Näputäis soola

JUHISED:
a) Sega potis palsamiäädikas, mesi, must pipar ja näputäis soola. Kuumuta kuni segu veidi pakseneb.
b) Lisa kastrulisse värsked vaarikad ja küpseta, kuni vaarikad lagunevad ja segu saavutab moositaolise konsistentsi.
c) Enne puhastesse purkidesse viimist laske vaarika-palsamikurgul jahtuda. Sulgege ja jahutage.
d) See magus ja vürtsikas hapukurk sobib hästi juustuga või seda saab kasutada magustoitude kattena.

14.Tsitrusviljade ingveri hapukurk

KOOSTISOSAD:
- 1 tass apelsinitükke, kooritud
- 1 tass greibitükke, kooritud
- 1 spl värsket ingverit, peeneks riivitud
- 1/4 tassi valge veini äädikat
- 1/4 tassi suhkrut
- 1/2 tl kardemoni
- Näputäis soola

JUHISED:
a) Sega kausis apelsinilõigud, greibilõigud ja peeneks riivitud ingver.
b) Kuumuta potis valge veini äädikas, suhkur, kardemon ja näpuotsaga soola. Sega, kuni suhkur lahustub.
c) Vala kuum äädikasegu tsitruseliste ja ingveri segule. Sega hästi.
d) Enne puhastesse purkidesse viimist laske tsitruseliste ingverikurgil jahtuda. Sulgege ja jahutage.
e) See hapukurk on värskendav lisand salatitele või serveerida grillkana või kala kõrvale.

15. Mee-laimi mangohapukurk

KOOSTISOSAD:
- 2 tassi küpset mangot, tükeldatud
- 1/4 tassi laimimahla
- 2 supilusikatäit mett
- 1 tl tšillipulbrit
- 1/2 tl köömneid
- Näputäis soola

JUHISED:
a) Sega kausis kuubikuteks lõigatud küps mango, laimimahl, mesi, tšillipulber, köömned ja näputäis soola.
b) Segage koostisosi, kuni mango on mee-laimi seguga hästi kaetud.
c) Lase mee-laimi mango hapukurgil enne puhastesse purkidesse viimist vähemalt tund aega marineerida. Sulgege ja jahutage.
d) See magus ja vürtsikas hapukurk sobib suurepäraselt grill-liha kõrvale või seda saab nautida ka eraldi.

16.Kirsi mandli hapukurk

KOOSTISOSAD:
- 2 tassi värskeid kirsse, kivideta ja poolitatud
- 1/2 tassi punase veini äädikat
- 1/4 tassi mandli viile
- 2 spl suhkrut
- 1/2 tl vaniljeekstrakti
- Näputäis soola

JUHISED:
a) Sega potis punase veini äädikas, mandlilõigud, suhkur, vaniljeekstrakt ja näpuotsaga soola. Kuumuta kuni suhkur lahustub.
b) Lisa kastrulisse kivideta ja poolitatud värsked kirsid ning kuumuta, kuni kirsid on pehmenenud.
c) Enne puhastesse purkidesse viimist laske kirsimandlikurgil jahtuda. Sulgege ja jahutage.
d) See hapukurk on ainulaadne lisand salatitele või seda saab serveerida koos magustoitude, näiteks vaniljejäätisega.

17. Sidruni basiiliku hapukurk

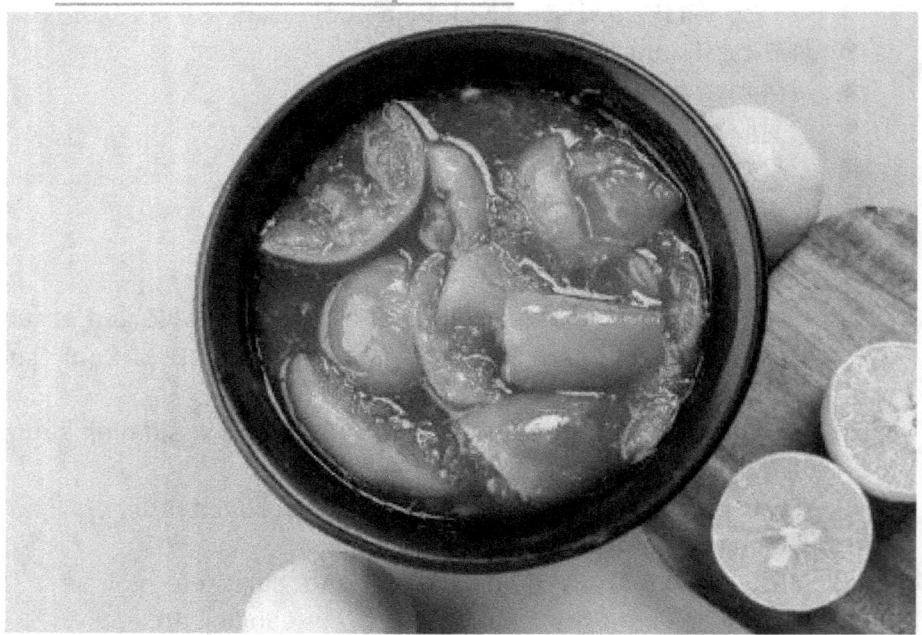

KOOSTISOSAD:
- 2 tassi sidrunit, õhukeselt viilutatud
- 1/2 tassi värskeid basiiliku lehti, hakitud
- 1/4 tassi valge veini äädikat
- 2 spl suhkrut
- 1 tl musta pipra tera
- Näputäis soola

JUHISED:
a) Sega kausis õhukesteks viiludeks lõigatud sidrunid, hakitud värske basiilik, valge veini äädikas, suhkur, mustad pipraterad ja näputäis soola.
b) Segage koostisosi, kuni sidruniviilud on äädika seguga korralikult kaetud.
c) Enne puhastesse purkidesse viimist laske sidrunibasiilikukurgil vähemalt tund aega marineerida. Sulgege ja jahutage.
d) See hapukurk lisab salatitele tsitruseliste ja ürtide maitset või seda saab kasutada mereandide lisandina.

18. Guajaav tšilli hapukurk

KOOSTISOSAD:
- 2 tassi küpset guajaavi, tükeldatud
- 1/4 tassi laimimahla
- 2 spl tšillipulbrit
- 1 spl mett
- 1 tl köömneid
- Näputäis soola

JUHISED:
a) Sega kausis kuubikuteks lõigatud küps guajaav, laimimahl, tšillipulber, mesi, köömned ja näputäis soola.
b) Segage koostisosi, kuni guajaav on tšilli-laimi seguga korralikult kaetud.
c) Laske guajaav-tšilli hapukurgil vähemalt tund enne puhastesse purkidesse viimist marineerida. Sulgege ja jahutage.
d) See magus ja vürtsikas hapukurk on ainulaadne ja troopiline lisand salatitele või seda saab nautida ka eraldi.

19.Mustika piparmündi hapukurk

KOOSTISOSAD:
- 2 tassi värskeid mustikaid
- 1/2 tassi õunasiidri äädikat
- 1/4 tassi mett
- 1/4 tassi värskeid piparmündi lehti, hakitud
- 1/2 tl kaneeli
- Näputäis soola

JUHISED:
a) Sega kastrulis õunaäädikas, mesi, hakitud piparmündilehed, kaneel ja näpuotsaga soola. Kuumuta kuni mesi lahustub.
b) Lisa kastrulisse värsked mustikad ja hauta, kuni marjad on veidi pehmenenud.
c) Enne puhastesse purkidesse viimist laske mustika-mündihapukurgil jahtuda. Sulgege ja jahutage.
d) See hapukurk on suurepärane lisand jogurtile, magustoitudele või seda saab serveerida grill-liha lisandina.

20.Starfruit Ingveri hapukurk

KOOSTISOSAD:
- 2 tassi tähte (karambolat), viilutatud
- 1/4 tassi riisiäädikat
- 2 spl värsket ingverit, riivitud
- 1 spl suhkrut
- 1 tl musti seesamiseemneid
- Näputäis soola

JUHISED:
a) Sega kausis kokku viilutatud tähtpuuvili, riisiäädikas, riivitud ingver, suhkur, mustad seesamiseemned ja näpuotsaga soola.
b) Segage koostisosi, kuni tähtvili on äädika seguga hästi kaetud.
c) Laske starfruit ingveri hapukurgil enne puhastesse purkidesse viimist vähemalt tund aega marineerida. Sulgege ja jahutage.

21.Maitsestatud apelsini hapukurk

KOOSTISOSAD:
- 1,4 kg (umbes 4 suurt) apelsini
- 1 tl soola
- 400 g tuhksuhkrut
- 21/2 spl kuldset siirupit
- 185 ml (3/4 tassi) valge veini äädikat
- 125 ml (1/2 tassi) värsket apelsinimahla
- 6 viilu värsket ingverit
- 1 tl musta pipart, purustatud
- 1 kaneelipulk
- 1 tl tervet nelki

JUHISED:
a) Asetage apelsinid ja sool suurde kastrulisse ning katke külma veega.
b) Asetage taldrik apelsinide peale, et need jääksid vee alla.
c) Kuumuta keskmisel-madalal tulel keema. Küpseta 40 minutit või kuni apelsinid on pehmed. Äravool. Tõsta kõrvale jahtuma. Lõika apelsinid pooleks ja seejärel õhukesteks viiludeks.
d) Segage suhkrut, kuldset siirupit, äädikat, apelsinimahla, ingverit, pipraterad, kaneelipulka ja nelki suures kastrulis keskmisel kuumusel, kuni suhkur lahustub.
e) Lisa apelsin. Lase keema tõusta. Vähendage kuumust madalaks. Küpseta 20 minutit.
f) Tõsta steriliseeritud purkidesse ja sule. Hoida jahedas, pimedas kohas või külmikus vähemalt 3 nädalat enne avamist, et maitsed tekiksid .

22. Magusad ja teravad peedihapukurgid

KOOSTISOSAD:
- 2 tassi peeti, kooritud ja viilutatud
- 1 tass punast sibulat, õhukeselt viilutatud
- 1 tass õun, tükeldatud
- 1 tass kuldseid rosinaid
- 1 tass õunasiidri äädikat
- 1 tass vett
- 1 tass pruuni suhkrut
- 1 tl kaneeli
- 1 tl nelki
- 1 tl vürtspipart

JUHISED:
a) Sega potis õunaäädikas, vesi, pruun suhkur, kaneel, nelk ja piment. Kuumuta keemiseni, sega, kuni suhkur lahustub.
b) Lisa keevale segule peet, punane sibul, õun ja kuldsed rosinad. Küpseta, kuni peet on pehme.
c) Enne puhastesse purkidesse viimist laske segul jahtuda. Sulgege ja jahutage.
d) Need magusad ja vürtsikad peedihapukurgid on mõnus lisand salatitele või unikaalseks lisandiks.

KÖÖGIVILJA MARINAADID

23. Tilli hapukurk

KOOSTISOSAD:
- 4 naela. 4-tollisest marineerimiskurgist
- 2 supilusikatäit tilliseemneid või 4–5 pead värsket või kuiva tilli
- 1/2 tassi soola
- 1/4 tassi äädikat (5%
- 8 tassi vett ja ühte või mitut järgmistest :
- 2 küüslauguküünt (valikuline)
- 2 kuivatatud punast paprikat (valikuline)
- 2 tl tervet segatud marineerimisvürtse

JUHISED:
a) Pese kurgid. Lõika õieotsast 1/16-tolline viil ja visake ära. Jätke 1/4-tolline vars külge. Asetage pool tillist ja vürtsidest puhta sobiva anuma põhja.
b) Lisa kurgid, ülejäänud till ja maitseained. Lahusta sool äädikas ja vees ning vala kurkidele.
c) Lisa sobiv kate ja kaal. Säilitage kääritamise ajal umbes 3–4 nädalat kohas, kus temperatuur on vahemikus 70–75 °F. Temperatuurid 55–65 °F on vastuvõetavad, kuid kääritamine võtab aega 5–6 nädalat.
d) Vältige temperatuure üle 80 °F, vastasel juhul muutuvad hapukurgid kääritamise ajal liiga pehmeks. Hapukurk paraneb aeglaselt. Kontrollige mahutit mitu korda nädalas ja eemaldage koheselt pinnalt tekkinud saast või hallitus. Ettevaatust. Kui marineeritud kurgid muutuvad pehmeks, limaseks või neil tekib ebameeldiv lõhn, visake need ära.
e) Täielikult kääritatud hapukurki võib originaalmahutis säilitada umbes 4 kuni 6 kuud, eeldusel, et neid hoitakse külmkapis ning pinnale tekkinud saast ja hallitusseened eemaldatakse regulaarselt. Täielikult kääritatud hapukurkide konserveerimine on parem viis nende säilitamiseks. Nende valmistamiseks vala soolvesi pannile, kuumuta aeglaselt keemiseni ja hauta 5 minutit. Soovi korral filtreerige soolvesi läbi paberkohvifiltrite, et vähendada hägusust.
f) Täitke kuum purk marineeritud kurgi ja kuuma soolveega, jättes 1/2-tollise vaba ruumi.
g) Eemaldage õhumullid ja reguleerige vajadusel õhuruumi. Pühkige purkide ääred niisutatud puhta paberrätikuga.
h) Reguleerige kaaned ja töötlege.

24.Leiva-või-hapukurk

KOOSTISOSAD:
- 6 naela. 4–5-tollistest marineerimiskurkidest
- 8 tassi õhukeselt viilutatud sibulat
- 1/2 tassi konserveerimis- või marineerimissoola
- 4 tassi äädikat (5%)
- 4-1/2 tassi suhkrut
- 2 supilusikatäit sinepiseemneid
- 1-1/2 supilusikatäit selleriseemneid
- 1 supilusikatäis jahvatatud kurkumit
- 1 tass marineerimislaimi

JUHISED:
a) Pese kurgid. Lõika 1/16-tolline õieots ja visake ära. Lõika 3/16-tollisteks viiludeks. Kombineerige kurgid ja sibulad suures kausis. Lisa soola. Kata 2-tollise purustatud või kuubikutega jääga. Jahutage 3–4 tundi, lisades vajadusel jääd.
b) Kombineeri ülejäänud koostisosad suures potis. Keeda 10 minutit. Nõruta ja lisa kurgid ja sibulad ning kuumuta aeglaselt uuesti keemiseni. Täitke kuumad pintipurgid viilude ja keetmissiirupiga, jättes 1/2-tollise vaba ruumi. Eemaldage õhumullid ja reguleerige vajadusel õhuruumi. Pühkige purkide ääred niisutatud puhta paberrätikuga.
c) Reguleerige kaaned ja jätkake ss.

25.Fresh-Pack tilli marineeritud kurki

KOOSTISOSAD:
- 8 naela. 3–5-tollistest marineerimiskurkidest
- 2 galloni vett
- 1-1/4 tassi konserveerimis- või marineerimissoola
- 1-1/2 liitrit äädikat (5%)
- 1/4 tassi suhkrut
- 2 liitrit vett
- 2 supilusikatäit tervet segatud marineerimisvürtsi
- umbes 3 supilusikatäit terveid sinepiseemneid
- umbes 14 pead värsket tilli (1-1/2 pead pindi purgi kohta) või
- 4-1/2 supilusikatäit tilliseemneid (1-1/2 teelusikatäit ühe pinti purgi kohta)

JUHISED:
a) Pese kurgid. Lõika õieotsast 1/16-tolline viil ja visake ära, kuid jätke 1/4-tolline varre külge. Lahustage 3/4 tassi soola 2 gallonis vees. Vala kurkidele ja lase 12 tundi seista. Äravool.
b) Kombineerige äädikat, 1/2 tassi soola, suhkrut ja 2 liitrit vett. Lisa puhta valge lapiga seotud segatud marineerimisvürtsid. Kuumuta keemiseni. Täida kuumad purgid kurkidega.
c) Lisa 1 tl sinepiseemneid ja 1-1/2 pead värsket tilli ühe pindi kohta. Kata keeva marineerimislahusega, jättes 1/2-tollise vaba ruumi. Eemaldage õhumullid ja reguleerige vajadusel õhuruumi. Pühkige purkide ääred niisutatud puhta paberrätikuga.
d) Reguleerige kaaned ja töötlege .

26.Suvikõrvitsa-ananassi hapukurk

KOOSTISOSAD:
- 4 liitrit kuubikuteks või riivitud suvikõrvitsat
- 46 untsi. konserveeritud magustamata ananassimahl
- 1 1/2 tassi pudelis sidrunimahla
- 3 tassi suhkrut

JUHISED:
a) Sega suvikõrvits pannil teiste koostisosadega ; lase aurul keema .
b) Hauta 20 minutit.
c) Täida kuumad purgid kuumaga segu ja keeduvedelik, jättes 1/2-tollise ruumi .
d) Vabastage õhumullid.
e) Sulgege purgid tihedalt, seejärel kuumutage 5 minutit veevannis.

27. Magusad kornišonid

KOOSTISOSAD:
- 7 naela. kurgid (1-1/2 tolli või vähem)
- 1/2 tassi konserveerimis- või marineerimissoola
- 8 tassi suhkrut
- 6 tassi äädikat (5%)
- 3/4 tl kurkumit
- 2 tl selleriseemneid
- 2 tl tervet segatud marineerimisvürtsi
- 2 kaneelipulka
- 1/2 tl apteegitilli (valikuline)
- 2 tl vanilli (valikuline)

JUHISED:
a) Pese kurgid. Lõika õieotsast 1/16-tolline viil ja visake ära, kuid jätke 1/4-tolline varre külge.
b) Asetage kurgid suurde anumasse ja katke keeva veega. Kuus kuni kaheksa tundi hiljem ja uuesti teisel päeval kurnake ja katke 6 liitri värske keeva veega, mis sisaldab 1/4 tassi soola. Kolmandal päeval nõruta ja torka kurgid lauakahvliga läbi.
c) Segage ja keetke 3 tassi äädikat, 3 tassi suhkrut, kurkumit ja vürtse. Vala kurkidele. Kuus kuni kaheksa tundi hiljem kurnake ja säilitage marineerimissiirup. Lisage veel 2 tassi suhkrut ja äädikat ning kuumutage keemiseni. Vala peale hapukurk.
d) Neljandal päeval nõruta ja säilita siirup. Lisage veel 2 tassi suhkrut ja 1 tassi äädikat. Kuumuta keemiseni ja vala hapukurgile. Nõruta ja säilita marineerimissiirup 6-8 tundi hiljem. Lisa 1 kl suhkrut ja 2 tl vanilli ning kuumuta keemiseni.
e) Täitke kuumad steriilsed pintipurgid hapukurgiga ja katke kuuma siirupiga, jättes 1/2-tollise vaba ruumi.
f) Eemaldage õhumullid ja reguleerige vajadusel õhuruumi. Pühkige purkide ääred niisutatud puhta paberrätikuga.
g) Reguleerige kaaned ja töötlege .

28. Neljateistkümnepäevane magus hapukurk

KOOSTISOSAD:
- 4 naela. 2–5-tollistest marineerimiskurkidest
- 3/4 tassi konserveerimis- või marineerimissoola
- 2 tl selleriseemneid
- 2 supilusikatäit segatud marineerimisvürtse
- 5-1/2 tassi suhkrut
- 4 tassi äädikat (5%)

JUHISED:
a) Pese kurgid. Lõika õieotsast 1/16-tolline viil ja visake ära, kuid jätke 1/4-tolline varre külge. Asetage terved kurgid sobivasse 1-gallonisse anumasse.
b) Lisage 1/4 tassi konserveerimis- või marineerimissoola 2 liitrile veele ja laske keema tõusta. Vala kurkidele. Lisa sobiv kate ja kaal.
c) Asetage puhas rätik mahuti peale ja hoidke temperatuuri umbes 70 °F. Kolmandal ja viiendal päeval tühjendage soolane vesi ja visake ära. Loputage kurgid ja pange kurgid tagasi konteinerisse. Lisage 1/4 tassi soola 2 liitrile värskele veele ja keetke. Vala kurkidele.
d) Vahetage kate ja kaal ning katke uuesti puhta rätikuga. Seitsmendal päeval tühjendage soolane vesi ja visake ära. Loputage kurgid , katke ja kaaluge.

29.Kiired magusad hapukurgid

KOOSTISOSAD:
- 8 naela. 3–4-tollistest marineerimiskurkidest
- 1/3 tassi konserveerimis- või marineerimissoola
- 4-1/2 tassi suhkrut
- 3-1/2 tassi äädikat (5%)
- 2 tl selleriseemneid
- 1 supilusikatäis tervet vürtspipart
- 2 supilusikatäit sinepiseemneid
- 1 tass marineerimislaimi (valikuline)

JUHISED:
a) Pese kurgid. Lõika 1/16-tolline õieots ja visake ära, kuid jätke 1/4 tolli varre külge. Soovi korral viiluta või ribadeks. Asetage kaussi ja puistake 1/3 tassi soolaga. Kata 2 tolli purustatud või kuubikuteks jääga.
b) Hoia külmkapis 3–4 tundi. Vajadusel lisa veel jääd. Nõruta hästi.
c) Kombineerige 6-liitrises veekeetjas suhkur, äädikas, selleriseemned, piment ja sinepiseemned. Kuumuta keemiseni.
d) Kuum pakk – lisage kurgid ja kuumutage aeglaselt, kuni äädika lahus keeb uuesti. Segage aeg-ajalt, et segu soojeneks ühtlaselt. Täitke steriilsed purgid, jättes 1/2-tollise vaba ruumi.
e) Toorpakk – täitke kuumad purgid, jättes 1/2-tollise vaba ruumi. Lisage kuum marineerimissiirup, jättes 1/2-tollise vaba ruumi.
f) Eemaldage õhumullid ja reguleerige vajadusel õhuruumi. Pühkige purkide ääred niisutatud puhta paberrätikuga.
g) Reguleerige kaaned ja töötlege.

30. Marineeritud spargel

KOOSTISOSAD:
- 10 naela. spargel
- 6 suurt küüslauguküünt
- 4-1/2 tassi vett
- 4-1/2 tassi valget destilleeritud äädikat (5%)
- 6 väikest kuuma paprikat (valikuline)
- 1/2 tassi konservisoola
- 3 tl tilli seemet

JUHISED:
a) Pese spargel hästi, kuid õrnalt jooksva vee all. Lõika varred alt, et jätta otstega odad, mis asetatakse konservipurki, jättes veidi rohkem kui 1/2-tollise vaba ruumi. Koori ja pese küüslauguküüned.
b) Aseta iga purgi põhja küüslauguküüs ja paki spargel tihedalt kuumadesse purkidesse tömpide otstega allapoole. Sega 8-liitrises kastrulis vesi, äädikas, kuumad paprikad (valikuline), sool ja tilliseemned.
c) Kuumuta keemiseni. Asetage igasse purki üks terav paprika (kui kasutate) sparglite kohale. Valage odadele keev kuum marineerimissoolvesi, jättes 1/2-tollise vaba ruumi.
d) Eemaldage õhumullid ja reguleerige vajadusel õhuruumi. Pühkige purkide ääred niisutatud puhta paberrätikuga.
e) Reguleerige kaaned ja töötlege.

31. Marineeritud tilli oad

KOOSTISOSAD:
- 4 naela. värsked õrnad rohelised või kollased oad
- 8–16 pead värsket tilli
- 8 küüslauguküünt (valikuline)
- 1/2 tassi konserveerimis- või marineerimissoola
- 4 tassi valget äädikat (5%)
- 4 tassi vett
- 1 tl kuuma punase pipra järved (valikuline)

JUHISED:
a) Peske ja lõigake ubade otsad ning lõigake 4-tollisteks tükkideks. Igasse kuuma steriilsesse pintipurki pane 1–2 tillipead ja soovi korral 1 küüslauguküüs. Asetage terved oad püsti purkidesse, jättes 1/2-tollise vaba ruumi.
b) Vajadusel lõigake oad õigeks. Kombineerige sool, äädikas, vesi ja piprajärved (soovi korral). Kuumuta keemiseni. Lisage ubadele kuum lahus, jättes 1/2-tollise vaba ruumi.
c) Eemaldage õhumullid ja reguleerige vajadusel õhuruumi. Pühkige purkide ääred niisutatud puhta paberrätikuga.
d) Reguleerige kaaned ja töötlege.

32. Marineeritud kolmeoa salat

KOOSTISOSAD:
- 1-1/2 tassi blanšeeritud rohelisi / kollaseid ube
- 1-1/2 tassi konserveeritud, nõrutatud punaseid ube
- 1 tass konserveeritud, nõrutatud garbanzo ube
- 1/2 tassi kooritud ja õhukesteks viiludeks lõigatud sibulat
- 1/2 tassi kärbitud ja õhukesteks viiludeks lõigatud sellerit
- 1/2 tassi viilutatud rohelist paprikat
- 1/2 tassi valget äädikat (5%)
- 1/4 tassi pudelis sidrunimahla
- 3/4 tassi suhkrut
- 1/4 tassi õli
- 1/2 tl konserveerimis- või marineerimissoola
- 1-1/4 tassi vett

JUHISED:
a) Pese ja tõmba värskete ubade otsad. Lõika või klõpsa 1–2-tollisteks tükkideks.
b) Blanšeerige 3 minutit ja jahutage kohe. Loputage oad kraaniveega ja nõrutage uuesti. Valmistage ette ja mõõtke kõik muud köögiviljad.
c) Sega äädikas, sidrunimahl, suhkur ja vesi ning kuumuta keemiseni. Eemaldage kuumusest.
d) Lisa õli ja sool ning sega korralikult läbi. Lisage lahusele oad, sibul, seller ja roheline pipar ning laske keema tõusta.
e) Marineerige 12–14 tundi külmkapis, seejärel kuumutage kogu segu keemiseni. Täida kuumad purgid kuivainetega. Lisage kuum vedelik, jättes 1/2-tollise vaba ruumi.
f) Eemaldage õhumullid ja reguleerige vajadusel õhuruumi. Pühkige purkide ääred niisutatud puhta paberrätikuga.
g) Reguleerige kaaned ja töötlege.

33. Marineeritud porgandid

KOOSTISOSAD:
- 2-3/4 naela. kooritud porgandid
- 5-1/2 tassi valget äädikat (5%)
- 1 tass vett
- 2 tassi suhkrut
- 2 tl konservisoola
- 8 tl sinepiseemnet
- 4 tl selleriseemneid

JUHISED:
a) Pese ja koori porgandid. Lõika ringideks, mis on umbes 1/2 tolli paksused.
b) Kombineerige äädikas, vesi, suhkur ja konservisool 8-liitrises Hollandi ahjus või potis. Kuumuta keemiseni ja keeda 3 minutit. Lisa porgandid ja kuumuta uuesti keemiseni. Seejärel alanda kuumust keemiseni ja kuumuta poolküpseks (umbes 10 minutit).
c) Vahepeal asetage igasse tühja kuuma pinti purki 2 teelusikatäit sinepiseemneid ja 1 teelusikatäis selleriseemneid. Täitke purgid kuumade porganditega, jättes 1-tollise vaba ruumi. Täitke kuuma marineerimisvedelikuga, jättes 1/2-tollise vaba ruumi.
d) Eemaldage õhumullid ja reguleerige vajadusel õhuruumi. Pühkige purkide ääred niisutatud puhta paberrätikuga.
e) Reguleerige kaaned ja töötlege.

34.Marineeritud lillkapsas / Brüssel

KOOSTISOSAD:
- 12 tassi 1–2-tollist lillkapsast või väikeseid rooskapsaid
- 4 tassi valget äädikat (5%)
- 2 tassi suhkrut
- 2 tassi õhukeselt viilutatud sibulat
- 1 tass kuubikuteks lõigatud magusat punast paprikat
- 2 supilusikatäit sinepiseemneid
- 1 supilusikatäis selleriseemneid
- 1 tl kurkumit
- 1 tl kuuma punase pipra järved

JUHISED:
a) Peske lillkapsas või rooskapsas (eemaldage varred ja plekilised välimised lehed) ning keetke soolvees (4 tl konservsoola galloni vee kohta) lillkapsa puhul 3 minutit ja rooskapsa puhul 4 minutit. Nõruta ja jahuta.
b) Sega suures kastrulis äädikas, suhkur, sibul, kuubikuteks lõigatud punane pipar ja vürtsid. Kuumuta keemiseni ja keeda 5 minutit. Jagage sibul ja kuubikuteks lõigatud pipar purkide vahel. Täitke kuumad purgid tükkide ja marineerimislahusega, jättes 1/2-tollise vaba ruumi.
c) Eemaldage õhumullid ja reguleerige vajadusel õhuruumi. Pühkige purkide ääred niisutatud puhta paberrätikuga.
d) Reguleerige kaaned ja töötlege.

35. Chayote ja Jicama Pickle

KOOSTISOSAD:
- 4 tassi julienned jicama
- 4 tassi julienned chayote
- 2 tassi hakitud punast paprikat
- 2 hakitud kuuma paprikat
- 2-1/2 tassi vett
- 2-1/2 tassi siidri äädikat (5%)
- 1/2 tassi valget suhkrut
- 3-1/2 tl konservisoola
- 1 tl selleriseemneid (valikuline)

JUHISED:
a) Ettevaatust: kandke plast- või kummikindaid ja ärge puudutage oma nägu kuuma paprika käsitsemise või lõikamise ajal. Kui te ei kanna kindaid, peske enne näo või silmade puudutamist käed põhjalikult seebi ja veega.
b) Peske, koorige ja õhukeselt julienne jicama ja chayote, visates ära chayote seemned. 8-liitrises Hollandi ahjus või potis segage kõik koostisosad, välja arvatud chayote. Kuumuta keemiseni ja keeda 5 minutit.
c) Alanda kuumust keemiseni ja lisa chayote. Kuumutage uuesti keemiseni ja lülitage seejärel kuumus välja. Täitke kuumad kuivained kuumadesse poolpintidesse purkidesse, jättes 1/2-tolliseks pearuum.
d) Kata keeva keeduvedelikuga, jättes 1/2-tollise vaba ruumi.
e) Eemaldage õhumullid ja reguleerige vajadusel õhuruumi. Pühkige purkide ääred niisutatud puhta paberrätikuga.
f) Reguleerige kaaned ja töötlege.

36. Leiva ja võiga marineeritud jicama

KOOSTISOSAD:
- 14 tassi jicama kuubikuteks
- 3 tassi õhukeselt viilutatud sibulat
- 1 tass hakitud punast paprikat
- 4 tassi valget äädikat (5%)
- 4-1/2 tassi suhkrut
- 2 supilusikatäit sinepiseemneid
- 1 supilusikatäis selleriseemneid
- 1 tl jahvatatud kurkumit

JUHISED:
a) Kombineerige äädikas, suhkur ja vürtsid 12-liitrises Hollandi ahjus või suures kastrulis. Sega ja lase keema tõusta. Segage ettevalmistatud jicama, sibulaviilud ja punane paprika. Lase uuesti keema, alanda kuumust ja hauta 5 minutit. Sega aeg-ajalt.
b) Valage kuumad kuivained kuumadesse pintipurkidesse, jättes 1/2-tollise vaba ruumi. Kata keeva keeduvedelikuga, jättes 1/2-tollise vaba ruumi.
c) Eemaldage õhumullid ja reguleerige vajadusel õhuruumi. Pühkige purkide ääred niisutatud puhta paberrätikuga.
d) Reguleerige kaaned ja töötlege.

37. Marineeritud terved seened

KOOSTISOSAD:
- 7 naela. väikesed terved seened
- 1/2 tassi pudelis sidrunimahla
- 2 tassi oliivi- või salatiõli
- 2-1/2 tassi valget äädikat (5%)
- 1 supilusikatäis pune lehti
- 1 supilusikatäis kuivatatud basiiliku lehti
- 1 supilusikatäis konserveerimis- või marineerimissoola
- 1/2 tassi hakitud sibulat
- 1/4 tassi kuubikuteks lõigatud pimiento
- 2 küüslauguküünt, lõigatud neljaks
- 25 tera musta pipart

JUHISED:
a) Valige väga värsked avamata seened, mille kübarad on alla 1–1/4 tolli läbimõõduga. Pese. Lõika varred, jättes 1/4 tolli kaane külge. Lisa sidrunimahl ja vesi, et see oleks kaetud. Lase keema tõusta. Hauta 5 minutit. Kurna seened.
b) Sega kastrulis oliiviõli, äädikas, pune, basiilik ja sool. Sega juurde sibul ja pimiento ning kuumuta keemiseni.
c) Aseta 1/4 küüslauguküünt ja 2-3 pipratera pooleliitrises purgis. Täitke kuumad purgid seente ja kuuma, hästi segatud õli/äädika lahusega, jättes 1/2-tollise vaba ruumi.
d) Eemaldage õhumullid ja reguleerige vajadusel õhuruumi. Pühkige purkide ääred niisutatud puhta paberrätikuga.
e) Reguleerige kaaned ja töötlege.

38.Marineeritud tilli Okra

KOOSTISOSAD:
- 7 naela. väikesed okra kaunad
- 6 väikest kuuma paprikat
- 4 tl tilli seemet
- 8 kuni 9 küüslauguküünt
- 2/3 tassi konserveerimis- või marineerimissoola
- 6 tassi vett
- 6 tassi äädikat (5%)

JUHISED:
a) Pese ja lõika okra. Täitke kuumad purgid kindlalt terve okraga, jättes 1/2-tollise vaba ruumi. Asetage igasse purki 1 küüslauguküüs.
b) Segage suures kastrulis sool, kuumad paprikad, tilliseemned, vesi ja äädikas ning laske keema tõusta. Valage kuum marineerimislahus okrale, jättes 1/2-tollise vaba ruumi.
c) Eemaldage õhumullid ja reguleerige vajadusel õhuruumi. Pühkige purkide ääred niisutatud puhta paberrätikuga.
d) Reguleerige kaaned ja töötlege.

39.Marineeritud pärlsibul

KOOSTISOSAD:
- 8 tassi kooritud valget pärlsibulat
- 5-1/2 tassi valget äädikat (5%)
- 1 tass vett
- 2 tl konservisoola
- 2 tassi suhkrut
- 8 tl sinepiseemnet
- 4 tl selleriseemneid

JUHISED:
a) Sibulate koorimiseks pane paar kaupa traatvõrgust korvi või sõela, kasta 30 sekundiks keevasse vette, seejärel eemalda ja aseta 30 sekundiks külma vette. Lõika juure otsast 1/16-tolline viil, seejärel eemaldage koor ja lõigake sibula teisest otsast 1/16-tolline viil.
b) Kombineerige äädikas, vesi, sool ja suhkur 8-liitrises Hollandi ahjus või potis. Kuumuta keemiseni ja keeda 3 minutit.
c) Lisa kooritud sibul ja kuumuta uuesti keemiseni. Alanda kuumust keemiseni ja kuumuta poolküpseks (umbes 5 minutit).
d) Vahepeal asetage igasse tühja kuuma pinti purki 2 teelusikatäit sinepiseemneid ja 1 tl selleriseemneid. Täida kuuma sibulaga, jättes 1-tollise vaba ruumi. Täitke kuuma marineerimisvedelikuga, jättes 1/2-tollise vaba ruumi.
e) Eemaldage õhumullid ja reguleerige vajadusel õhuruumi. Pühkige purkide ääred niisutatud puhta paberrätikuga.
f) Reguleerige kaaned ja töötlege.

40.Sidruni ja pune marineeritud paprika

KOOSTISOSAD:
- 4 naela. kõva paprika - kelluke, ungari, banaan või jalapeño
- 1 tass pudelis sidrunimahla
- 2 tassi valget äädikat (5%)
- 1 supilusikatäis pune lehti
- 1 tass oliivi- või salatiõli
- 1/2 tassi hakitud sibulat
- 2 küüslauguküünt, neljaks lõigatud (valikuline)
- 2 supilusikatäit valmistatud mädarõigast (valikuline)

JUHISED:
a) Valige oma lemmik pipar. Ettevaatust: kui valite kuuma paprika, kandke plast- või kummikindaid ja ärge puudutage teravate paprikate käsitsemise või lõikamise ajal oma nägu.
b) Peske, lõigake igasse paprikasse kaks kuni neli pilu ja blanšeerige keevas vees või kõvade koorega kuumade paprikate villides, kasutades ühte järgmistest kahest meetodist:
c) Ahju- või broilerimeetod nahkade villimiseks – Asetage paprikad 6–8 minutiks kuuma ahju (400 °F) või broileri alla, kuni nahk on villiline.
d) Laiaulatuslik meetod nahkade villimiseks – katke kuum põleti (kas gaasi- või elektripõleti) paksu traatvõrguga.
e) Asetage paprikad mõneks minutiks põletile, kuni nahad tekivad villid.
f) Pärast naha villide teket asetage paprikad pannile ja katke niiske lapiga. (See muudab paprikate koorimise lihtsamaks.) Jahuta mitu minutit; nahkade koor. Tasandage terved paprikad.
g) Sega kastrulis kõik ülejäänud koostisosad ja kuumuta keemiseni. Asetage 1/4 küüslauguküünt (valikuline) ja 1/4 teelusikatäit soola igasse kuuma pooleliitrisesse purki või 1/2 teelusikatäit pindi kohta. Täida kuumad purgid paprikatega. Lisage paprikatele kuum, hästi segatud õli/marineerimislahus, jättes 1/2-tollise vaba ruumi.
h) Eemaldage õhumullid ja reguleerige vajadusel õhuruumi. Pühkige purkide ääred niisutatud puhta paberrätikuga.
i) Reguleerige kaaned ja töötlege.

41.Marineeritud paprika

KOOSTISOSAD:
- 7 naela. f irm paprika
- 3-1/2 tassi suhkrut
- 3 tassi äädikat (5%)
- 3 tassi vett
- 9 küüslauguküünt
- 4-1/2 tl konserveerimis- või marineerimissoola

JUHISED:
a) Pese paprika, lõika neljaks, eemalda südamik ja seemned ning lõika ära kõik plekid. Viiluta paprika ribadeks. Keeda suhkrut, äädikat ja vett 1 minut.
b) Lisa paprika ja kuumuta keemiseni. Asetage 1/2 küüslauguküünt ja 1/4 teelusikatäit soola igasse kuuma steriilsesse pooleliitrisesse purki; topelt kogused pinti purkide jaoks.
c) Lisa pipraribad ja kata kuuma äädikaseguga, jättes alles 1/2-tolline

42. Marineeritud kuum paprika

KOOSTISOSAD:
- ungari, banaan, tšiili , jalapeño
- 4 naela. kuumad pikad punased, rohelised või kollased paprikad
- 3 naela. magus punane ja roheline paprika, segatud
- 5 tassi äädikat (5%)
- 1 tass vett
- 4 tl konservi- või marineerimissoola
- 2 supilusikatäit suhkrut
- 2 küüslauguküünt

JUHISED:
a) Ettevaatust: kandke plast- või kummikindaid ja ärge puudutage oma nägu kuuma paprika käsitsemise või lõikamise ajal. Kui te ei kanna kindaid, peske enne näo või silmade puudutamist käed põhjalikult seebi ja veega.
b) Pese paprika. Kui väikesed paprikad jäetakse terveks, lõigake igasse sisse 2–4 pilu. Veerand suured paprikad.
c) Blanšeerige keevas vees või kõvakoorega kuumadel paprikatel villides, kasutades ühte järgmistest kahest meetodist:
d) Ahju- või broilerimeetod nahkade villimiseks – Asetage paprikad 6–8 minutiks kuuma ahju (400 °F) või broileri alla, kuni nahk on villiline.
e) Laiaulatuslik meetod nahkade villimiseks – katke kuum põleti (kas gaasi- või elektripõleti) paksu traatvõrguga.
f) Asetage paprikad mõneks minutiks põletile, kuni nahad tekivad villid.
g) Pärast naha villide teket asetage paprikad pannile ja katke niiske lapiga. (See muudab paprikate koorimise lihtsamaks.) Jahuta mitu minutit; nahkade koor. Tasandage väikesed paprikad. Veerand suured paprikad. Täitke kuumad purgid paprikatega, jättes 1/2-tollise vaba ruumi.
h) Segage ja kuumutage teised koostisosad keemiseni ja keetke 10 minutit. Eemalda küüslauk. Lisage paprikatele kuum marineerimislahus, jättes 1/2-tollise vaba ruumi.
i) Eemaldage õhumullid ja reguleerige vajadusel õhuruumi. Pühkige purkide ääred niisutatud puhta paberrätikuga.
j) Reguleerige kaaned ja töötlege.

43. Marineeritud Jalapeño pipra rõngad

KOOSTISOSAD:
- 3 naela. jalapeño paprika
- 1-1/2 tassi marineerimislaimi
- 1-1/2 gallonit vett
- 7-1/2 tassi siidri äädikat (5%)
- 1-3/4 tassi vett
- 2-1/2 supilusikatäit konservisoola
- 3 supilusikatäit selleriseemneid
- 6 supilusikatäit sinepiseemneid

JUHISED:
a) Ettevaatust: kandke plast- või kummikindaid ja ärge puudutage oma nägu kuuma paprika käsitsemise või lõikamise ajal.
b) Pese paprika hästi ja lõika 1/4-tollisteks viiludeks. Visake varre ots ära.
c) Segage 1–1/2 tassi marineerimislubi 1–1/2 galloni veega roostevabast terasest, klaasist või toidukvaliteediga plastmahutis. Vältige lubja-vee lahuse segamise ajal lubjatolmu sissehingamist.
d) Leota paprikaviile laimivees külmikus 18 tundi, aeg-ajalt segades (võib kasutada 12–24 tundi). Nõruta leotatud piprarõngastelt laimilahus.
e) Loputage paprika õrnalt, kuid põhjalikult veega. Kata paprikarõngad värske külma veega ja leota külmkapis 1 tund. Kurna paprikatest vesi välja. Korrake loputamise, leotamise ja nõrutamise samme veel kaks korda. Nõruta lõpus põhjalikult.
f) Asetage 1 supilusikatäis sinepiseemneid ja 1-1/2 tl selleriseemneid iga kuuma pintipurgi põhja. Pakkige nõrutatud piprarõngad purkidesse, jättes 1/2-tollise vaba ruumi. Kuumuta siidriäädikas, 1–3/4 tassi vett ja konservisool kõrgel kuumusel keema. Valage keev kuum soolveelahus purkides piprarõngaste kohale, jättes 1/2-tollise vaba ruumi.
g) Eemaldage õhumullid ja reguleerige vajadusel õhuruumi. Pühkige purkide ääred niisutatud puhta paberrätikuga.
h) Reguleerige kaaned ja töötlege.

44.Marineeritud kollase pipra rõngad

KOOSTISOSAD:
- 2-1/2 kuni 3 naela. kollane (banaan) paprika
- 2 supilusikatäit selleriseemneid
- 4 supilusikatäit sinepiseemneid
- 5 tassi siidri äädikat (5%)
- 1-1/4 tassi vett
- 5 tl konservisoola

JUHISED:
a) Pese paprika hästi ja eemalda varreots; viiluta paprika 1/4-tollisteks paksusteks rõngasteks. Asetage 1/2 supilusikatäit selleriseemneid ja 1 spl sinepiseemneid iga tühja kuuma pintipurgi põhja.
b) Täitke paprikarõngad purkidesse, jättes 1/2-tollise vaba ruumi. 4-liitrises Hollandi ahjus või kastrulis segage siidriäädikas, vesi ja sool; kuumuta keemiseni. Kata paprikarõngad keeva marineerimisvedelikuga, jättes 1/2-tollise vaba ruumi.
c) Eemaldage õhumullid ja reguleerige vajadusel õhuruumi. Pühkige purkide ääred niisutatud puhta paberrätikuga.
d) Reguleerige kaaned ja töötlege.

45.Marineeritud magusad rohelised tomatid

KOOSTISOSAD:
- 10 kuni 11 naela. rohelistest tomatitest
- 2 tassi viilutatud sibulat
- 1/4 tassi konserveerimis- või marineerimissoola
- 3 tassi pruuni suhkrut
- 4 tassi äädikat (5%)
- 1 supilusikatäis sinepiseemneid
- 1 supilusikatäis piment
- 1 supilusikatäis selleriseemneid
- 1 supilusikatäis tervet nelki

JUHISED:
a) Pese ja viiluta tomatid ja sibul. Asetage kaussi, puistake 1/4 tassi soolaga ja laske 4–6 tundi seista. Äravool. Kuumuta ja sega äädikas suhkur lahustumiseni.
b) Seo sinepiseemned, piment, selleriseemned ja nelk vürtsikotti. Lisa äädikale koos tomatite ja sibulaga. Vajadusel lisa minimaalselt vett, et tükid kataks. Lase keema tõusta ja keeda 30 minutit, segades vajaduse korral põletamise vältimiseks. Tomatid peaksid korralikult küpsetamisel olema pehmed ja läbipaistvad.
c) Eemaldage vürtsikott. Täitke kuum purk kuivainetega ja katke kuuma marineerimislahusega, jättes 1/2-tollise vaba ruumi.
d) Eemaldage õhumullid ja reguleerige vajadusel õhuruumi. Pühkige purkide ääred niisutatud puhta paberrätikuga.
e) Reguleerige kaaned ja töötlege.

46. Marineeritud leiva ja võiga suvikõrvits

KOOSTISOSAD:
- 16 tassi värsket suvikõrvitsat, viilutatud
- 4 tassi sibulat, õhukeselt viilutatud
- 1/2 tassi konserveerimis- või marineerimissoola
- 4 tassi valget äädikat (5%)
- 2 tassi suhkrut
- 4 supilusikatäit sinepiseemneid
- 2 supilusikatäit selleriseemneid
- 2 tl jahvatatud kurkumit

JUHISED:
a) Kata suvikõrvitsa- ja sibulaviilud 1-tollise vee ja soolaga. Lase seista 2 tundi ja nõruta korralikult. Sega äädikas, suhkur ja vürtsid. Kuumuta keemiseni ning lisa suvikõrvits ja sibul. Hauta 5 minutit ja pane kuumad purgid segu ja marineerimislahusega tühjaks, jättes 1/2-tollise vaba ruumi.
b) Eemaldage õhumullid ja reguleerige vajadusel õhuruumi. Pühkige purkide ääred niisutatud puhta paberrätikuga.
c) Reguleerige kaaned ja töötlege .

47. S märg hapukurk

KOOSTISOSAD:
- 3-1/2 naela. kurkide marineerimisest
- keeva veega, et katta viilutatud kurgid
- 4 tassi siidri äädikat (5%)
- 1 tass vett
- 3 tassi Splenda
- 1 supilusikatäis konservisoola
- 1 supilusikatäis sinepiseemneid
- 1 supilusikatäis tervet vürtspipart
- 1 supilusikatäis selleriseemneid
- 4 ühetollist kaneelipulka

JUHISED:
a) Pese kurgid. Viilutage 1/16 tolli õieotstest ja visake ära. Lõika kurgid 1/4-tollisteks viiludeks. Vala kurgiviiludele keev vesi ja lase 5–10 minutit seista.
b) Nõruta kuum vesi ja vala kurkidele külm vesi. Laske külmal veel kurgiviiludele pidevalt voolata või vahetage vett sageli, kuni kurgid on jahtunud. Nõruta viilud hästi.
c) Segage äädikas, 1 tass vett, Splenda® ja kõik vürtsid 10-liitrises Hollandi ahjus või potis. Kuumuta keemiseni. Lisa nõrutatud kurgiviilud ettevaatlikult keevasse vedelikku ja aja uuesti keema.
d) Soovi korral asetage igasse tühja kuuma purki üks kaneelipulk. Valage kuumad hapukurgiviilud kuumadesse pintipurkidesse, jättes 1/2-tollise vaba ruumi. Kata keeva marineerimissoolveega, jättes 1/2-tollise vaba ruumi.
e) Eemaldage õhumullid ja reguleerige vajadusel õhuruumi. Pühkige purkide ääred niisutatud puhta paberrätikuga.
f) Reguleerige kaaned ja töötlege.

48.S viilutatud tilli hapukurk

KOOSTISOSAD:
- 4 naela. (3–5-tollised) kurkide marineerimine
- 6 tassi äädikat (5%)
- 6 tassi suhkrut
- 2 supilusikatäit konserveerimis- või marineerimissoola
- 1-1/2 tl selleriseemneid
- 1-1/2 tl sinepiseemnet
- 2 suurt sibulat, õhukeselt viilutatud
- 8 pead värsket tilli

JUHISED:
a) Pese kurgid. Lõika õieotsast 1/16-tolline viil ja visake ära. Lõika kurgid 1/4-tollisteks viiludeks. Sega suures kastrulis äädikas, suhkur, sool, seller ja sinepiseemned. Kuumuta segu keemiseni.
b) Asetage 2 viilu sibulat ja 1/2 tillipead iga kuuma pintipurgi põhja. Täitke kuumad purgid kurgiviiludega, jättes 1/2-tollise vaba ruumi.
c) Lisa peale 1 viil sibulat ja 1/2 tillipead. Valage kuum marineerimislahus kurkidele, jättes 1/4-tollise vaba ruumi.
d) Eemaldage õhumullid ja reguleerige vajadusel õhuruumi. Pühkige purkide ääred niisutatud puhta paberrätikuga.
e) Reguleerige kaaned ja töötlege.

49.S viilutatud magusad hapukurgid

KOOSTISOSAD:
- 4 naela. (3–4-tollised) kurkide marineerimine

SOOLAMISLAHEND:
- 1 liitrit destilleeritud valget äädikat (5%)
- 1 supilusikatäis konserveerimis- või marineerimissoola
- 1 supilusikatäis sinepiseemneid
- 1/2 tassi suhkrut

SIIRUPI konserv:
- 1-2/3 tassi destilleeritud valget äädikat (5%)
- 3 tassi suhkrut
- 1 supilusikatäis tervet vürtspipart
- 2-1/4 tl selleriseemneid

JUHISED:
a) Peske kurgid ja lõigake õie otsast 1/16 tolli ja visake ära. Lõika kurgid 1/4-tollisteks viiludeks. Kombineerige kõik siirupi valmistamiseks kasutatavad koostisosad kastrulis ja laske keema tõusta. Hoidke siirupit kuni kasutamiseni kuumana.
b) Segage suures veekeetjas soolveelahuse koostisosad. Lisage tükeldatud kurgid, katke kaanega ja hautage, kuni kurkide värvus muutub erkrohelisest (umbes 5–7 minutit). Nõruta kurgiviilud.
c) Täitke kuumad purgid ja katke kuuma konserveerimissiirupiga, jättes 1/2-tollise vaba ruumi.
d) Eemaldage õhumullid ja reguleerige vajadusel õhuruumi. Pühkige purkide ääred niisutatud puhta paberrätikuga.
e) Reguleerige kaaned ja töötlege.

SEGUD KÖÖGIVILJADE MARINAADID

50.Piccalilli

KOOSTISOSAD:
- 6 tassi hakitud rohelisi tomateid
- 1 1/2 tassi roheline paprika, tükeldatud
- 7 1/2 tassi hakitud kapsast
- 1/2 tassi marineerimissoola
- 1 1/2 tassi magusat punast paprikat, tükeldatud
- 2 1/4 tassi hakitud sibulat
- 3 supilusikatäit tervet segatud marineerimisvürtsi
- 4 1/2 tassi 5% äädikat
- 3 tassi pruuni suhkrut

JUHISED:
a) Viska köögiviljad 1/2 tassi soolaga.
b) Kata kuuma veega ja jäta 12 tunniks seisma. Äravool.
c) Seo vürtsid vürtsikotti ja lisa äädika ja suhkru segule ning kuumuta keemiseni.
d) Lisa köögiviljad ja keeda õrnalt 30 minutit; eemalda vürtsikott.
e) Täitke kuumad steriilsed purgid kuuma seguga, jättes 1/2 tolli vaba ruumi.
f) Vabastage õhumullid.
g) Sulgege purgid tihedalt, seejärel kuumutage 5 minutit veevannis.

51.Marineeritud köögiviljasegud

KOOSTISOSAD:
- 4 naela. 4–5-tollistest marineerimiskurkidest
- 2 naela. kooritud ja neljaks lõigatud väikesed sibulad
- 4 tassi tükeldatud sellerit (1-tollised tükid)
- 2 tassi kooritud ja tükeldatud porgandit (1/2-tollised tükid)
- 2 tassi tükeldatud magusat punast paprikat (1/2-tollised tükid)
- 2 tassi lillkapsast
- 5 tassi valget äädikat (5%)
- 1/4 tassi valmistatud sinepit
- 1/2 tassi konserveerimis- või marineerimissoola
- 3-1/2 tassi suhkrut
- 3 supilusikatäit selleriseemneid
- 2 supilusikatäit sinepiseemneid
- 1/2 tl tervet nelki
- 1/2 tl jahvatatud kurkumit

JUHISED:
a) Segage köögiviljad, katke 2-tollise jääkuubikutega või purustatud jääga ja jahutage 3–4 tundi.
b) 8-kvartises veekeetjas ühendage äädikas ja sinep ning segage hästi.
c) Lisa sool, suhkur, selleriseemned, sinepiseemned, nelk, kurkum. Kuumuta keemiseni. Nõruta köögiviljad ja lisa kuumale marineerimislahusele.
d) Katke ja laske aeglaselt keema tõusta. Nõruta köögiviljad, kuid säilita marineerimislahus. Täida köögiviljad kuumadesse steriilsetesse pintipurkidesse või kuumadesse kvartidesse, jättes 1/2-tollise vaba ruumi. Lisage marineerimislahus, jättes 1/2-tollise vaba ruumi.
e) Eemaldage õhumullid ja reguleerige vajadusel õhuruumi. Pühkige purkide ääred niisutatud puhta paberrätikuga.
f) Reguleerige kaaned ja töötlege.

52. Giardiniera

KOOSTISOSAD:
- 1 tass lillkapsa õisikuid
- 1 tass porgandipulgad
- 1 tass sellerit, viilutatud
- 1 tass paprikat, viilutatud
- 3 küüslauguküünt, hakitud
- 1 spl kuivatatud pune
- 1 tl punase pipra helbeid
- 2 tassi valget äädikat
- 1 tass vett
- 2 spl soola
- 2 spl suhkrut

JUHISED:
a) Laota suurde puhtasse purki lillkapsas, porgand, seller, paprika ja hakitud küüslauk.
b) Sega kastrulis valge äädikas, vesi, sool, suhkur, pune ja punase pipra helbed. Kuumuta keemiseni, sega, kuni sool ja suhkur lahustuvad.
c) Valage kuum soolvesi purgis olevate köögiviljade peale, tagades, et need on täielikult vee all.
d) Laske giardinieral jahtuda toatemperatuurini, sulgege purk ja jahutage.
e) Maitsed arenevad aja jooksul välja ja seda võib külmkapis hoida mitu nädalat.

53. Magus ja vürtsikas segahapukurk

KOOSTISOSAD:
- 2 tassi porgandit, julieneeritud
- 1 tass lillkapsa õisikuid
- 1 tass rohelisi ube, tükeldatud
- 1 tass paprikat, viilutatud
- 1 tass sibulat, õhukeselt viilutatud
- 1 tass valget äädikat
- 1 tass suhkrut
- 1 spl sinepiseemneid
- 1 tl kurkumit
- 1 tl punaseid tšillihelbeid
- 1 spl ingverit, riivitud
- 1 spl soola

JUHISED:
a) Segage suures kausis porgand, lillkapsas, rohelised oad, paprika ja sibul.
b) Sega potis valge äädikas, suhkur, sinepiseemned, kurkum, punased tšillihelbed, ingver ja sool. Kuumuta keemiseni, sega, kuni suhkur lahustub.
c) Vala vürtsikas kuum äädikas köögiviljadele ja sega korralikult läbi.
d) Enne puhastesse purkidesse viimist laske hapukurgil jahtuda. Sulgege ja jahutage.
e) See magus-vürtsikas segahapukurk on nautimiseks valmis päeva või paari pärast ja seda võib külmkapis hoida mitu nädalat.

54.Vahemere marineeritud köögiviljad

KOOSTISOSAD:
- 2 tassi kirsstomateid, poolitatud
- 1 tass kurki, viilutatud
- 1 tass punast sibulat, õhukeselt viilutatud
- 1 tass Kalamata oliive
- 1 tass artišokisüdameid, neljaks lõigatud
- 4 küüslauguküünt, viilutatud
- 1 spl kuivatatud pune
- 1 tl kuivatatud tüümiani
- 1 tass punase veini äädikat
- 1 tass ekstra neitsioliiviõli
- Sool ja must pipar maitse järgi

JUHISED:
a) Sega suures kausis kirsstomatid, kurk, punane sibul, oliivid, artišokisüdamed ja küüslauk.
b) Vahusta eraldi kausis punase veini äädikas, oliiviõli, pune, tüümian, sool ja must pipar.
c) Vala kaste köögiviljadele ja sega, kuni see on hästi kaetud.
d) Valage segu puhtasse purki, sulgege ja jahutage.
e) Enne serveerimist lase maitsetel paar tundi seguneda.

55.Teravad Aasia marineeritud köögiviljad

KOOSTISOSAD:
- 2 tassi porgandit, julieneeritud
- 1 tass daikon redis, õhukeselt viilutatud
- 1 tass kurki, õhukeselt viilutatud
- 1 tass punast paprikat, viilutatud
- 3 küüslauguküünt, hakitud
- 1 spl ingverit, riivitud
- 1 tass riisiäädikat
- 1/4 tassi sojakastet
- 2 spl suhkrut
- 1 tl seesamiõli
- 1 tl punase pipra helbeid

JUHISED:
a) Segage suures kausis porgand, daikon redis, kurk, punane paprika, küüslauk ja ingver.
b) Sega potis riisiäädikas, sojakaste, suhkur, seesamiõli ja punase pipra helbed. Kuumuta kuni suhkur lahustub.
c) Vala kuum segu köögiviljadele ja viska katteks.
d) Enne puhastesse purkidesse viimist laske hapukurgil jahtuda. Sulgege ja jahutage.
e) See Aasiast inspireeritud hapukurk sobib suurepäraselt riisi- ja nuudliroogade lisandiks või lisandiks.

56.India segahapukurk (Achaar)

KOOSTISOSAD:
- 2 tassi porgandit, tükeldatud
- 1 tass rohelisi ube, tükeldatud
- 1 tass toorest mangot, tükeldatud
- 1 tass laimi, viilutatud
- 1 tass punast tšillipipart, viilutatud
- 1/2 tassi sinepiõli
- 2 spl sinepiseemneid
- 1 supilusikatäis lambaläätse seemneid
- 1 spl apteegitilli seemneid
- 1 spl kurkumit
- 1 spl punase tšilli pulbrit
- 1 spl soola

JUHISED:
a) Segage suures kausis porgand, rohelised oad, toores mango, laim ja punane tšillipipar.
b) Kuumuta pannil sinepiõli, kuni see hakkab suitsema. Laske sellel veidi jahtuda.
c) Rösti eraldi pannil sinepiseemned, lambaläätse seemned ja apteegitilli seemned lõhnavaks. Jahvata need jämedaks pulbriks.
d) Sega jahvatatud vürtsipulber kurkumi, punase tšillipulbri ja soolaga. Lisa see segu köögiviljadele.
e) Vala veidi jahtunud sinepiõli köögivilja- ja maitseainesegule. Sega hästi.
f) Viige hapukurk puhastesse purkidesse, sulgege tihedalt ja laske enne tarbimist paar päeva laagerduda.

KIMCHI

57.Napa kapsas Kimchi

KOOSTISOSAD:
- 1 napa kapsas, lõigatud risti 2-tollisteks tükkideks
- ½ keskmise suurusega daikon redis, kooritud ja pikuti neljandikku lõigatud,
- seejärel ½ tolli paksusteks tükkideks
- 2 spl meresoola
- ½ tassi vett
- 2 rohelist sibulat, viilutatud 2-tollisteks tükkideks
- 3 küüslauguküünt, hakitud
- 1 spl riivitud värsket ingverit
- 1 spl Korea tšillipulbrit

JUHISED:
a) Asetage kapsa ja daikoni tükid suurde segamisnõusse.
b) Asetage sool ja vesi eraldi väikesesse kaussi; lahustamiseks segada. Vala köögiviljadele. Tõsta üleöö toatemperatuurile pehmenema.
c) Järgmisel päeval kurnake, jättes köögiviljade leotatud soolase vee alles. Lisage kapsa segule roheline sibul, küüslauk, ingver ja tšillipulber ning segage hästi.
d) Pakkige segu tihedalt ½ gallonisse kaanega klaaspurki. Valage päästetud soolane vesi purki, jättes ülaosas 1 tolli ruumi. Sulgege kaas tihedalt.
e) Jätke purk 2–3 päevaks jahedasse pimedasse kohta (olenevalt temperatuurist ning sellest, kui marineeritud ja kääritatud kimchit soovite). Pärast avamist hoida külmkapis.
f) Külmkapis säilib paar nädalat.

58.Hiina kapsas ja Bok Choy Kimchi

KOOSTISOSAD:
- 3 supilusikatäit rafineerimata jämedat meresoola või 1½ supilusikatäit peent meresoola
- 3 tassi filtreeritud, kloorimata vett
- 1 nael hiina kapsast, jämedalt hakitud
- 3 pead baby bok choy, jämedalt hakitud
- 4 redist, jämedalt hakitud
- 1 väike sibul
- 3 küüslauguküünt
- 1 2-tolline tükk ingverit
- 3 tšillit

JUHISED:
a) Segage vett ja meresoola, kuni sool on soolvee moodustamiseks lahustunud. Kõrvale panema.
b) Haki kapsas, bok choy ja redis jämedalt. Segage ja asetage väikesesse potti või kaussi.
c) Kalla soolveega köögiviljasegule, kuni see on kaetud.
d) Asetage taldrik, mis lihtsalt mahub potti või kaussi, ja kaaluge seda toiduainete kaalude, purgi või muu veega täidetud kausiga. Kata ja lase seista vähemalt 4 tundi või üleöö.
e) Püreesta sibul, küüslauk, ingver ja tšilli köögikombainis pastaks.
f) Nõruta soolvesi köögiviljadelt, säilitades selle hilisemaks kasutamiseks. Maitse köögiviljasegu soolasuse osas.
g) Loputage, kui see on liiga soolase maitsega, või lisage vajadusel näpuotsaga meresoola.
h) Sega köögiviljad ja vürtsisegu põhjalikult segamini.
i) Pakkige see tihedalt väikesesse potti või kaussi, lisades vajadusel väike kogus soolvett, et köögiviljad vee all püsiksid. Kaaluge köögiviljad taldriku ja toidukaaluga. (Ma kasutan raskusena väiksemat klaasist või keraamilist kaussi, mis on täidetud ülejäänud soolveega.
j) Kui vajate täiendavat soolvett või köögiviljasegu paisub kaussi jõudmiseks, sisaldab see sama soolvett.) Kata kaanega.
k) Kääritage umbes 1 nädal või kauem, kui eelistate õrnema maitsega kimchit.
l) Asetage kaanega klaaskaussi või -purki ja jahutage. Kiireks ja maitsvaks õhtusöögiks serveeri lisandina, maitseainena või pruuni riisina vermišelli nuudlite peal.

59.Hiina kimchi

KOOSTISOSAD:
- 1 pea napa või hiina kapsas, tükeldatud
- 3 porgandit, riivitud
- 1 suur daikon redis, riivitud või tass väikest punast redist, peeneks viilutatud
- 1 suur sibul, hakitud
- 1/4 tassi dulse või nori merevetikahelbeid
- 1 spl tšillipipra helbeid
- 1 spl hakitud küüslauku
- 1 spl hakitud värsket ingverit
- 1 supilusikatäis seesamiseemneid
- 1 spl suhkrut
- 2 tl kvaliteetset meresoola
- 1 tl kalakastet

JUHISED:
a) Lihtsalt segage kõik koostisosad suures kausis kokku ja laske 30 minutit seista.
b) Paki segu suurde klaaspurki või 2 väiksemasse purki. Vajutage see kindlalt alla.
c) Pange peale veega täidetud Ziploc kott, et hapnik väljas ei jääks ja köögiviljad soolvee all oleksid.
d) Pane kaas lõdvalt peale ja tõsta vähemalt 3 päevaks käärima. Maitske seda 3 päeva pärast ja otsustage, kas see maitseb piisavalt hapu. See on isikliku maitse küsimus, nii et proovige seda seni, kuni see teile meeldib!
e) Kui olete maitsega rahul, võite kimchit hoida külmikus, kus see säilib õnnelikult mitu kuud, kui seda nii kaua jätkub!!

60.Valge Kimchi

KOOSTISOSAD:
- 1 suur Napa kapsas (umbes 2½ naela), neljaks lõigatud, eemaldatud vars ja lõigatud 1-tollisteks tükkideks
- 1 suur porgand, mis on lõigatud 2-tollisteks ribadeks
- 1 suur must hispaania redis või 3 punast redist, julieneeritud
- 1 punane paprika, seemnetest puhastatud, südamikust puhastatud ja julieneeritud
- 3 oksa rohelist sibulat või murulauku, hakitud 1-tollisteks tükkideks
- 2 pirni (mina kasutan punaseid pirne, kuid võite kasutada mis tahes tüüpi), varrega, seemnetega ja neljaks lõigatud
- 3 küüslauguküünt, kooritud
- ½ väikest sibulat, neljaks lõigatud
- 1-tolline tükk värsket ingverit
- 3 spl rafineerimata peent meresoola või 6 supilusikatäit rafineerimata jämedat meresoola
- 6 tassi filtreeritud vett

JUHISED:
a) Segage suures kausis kapsas, porgand, redis, paprika ja roheline sibul.
b) Kombineeri pirnid, küüslauk, sibul ja ingver köögikombainis ning blenderda püreeks. Kalla pirnisegu tükeldatud köögiviljadele. Lisa sool ja viska kõik köögiviljad kokku, kuni need on pirnipüree ja soolaga ühtlaselt kaetud.
c) Asetage köögiviljasegu suurde potti ja valage sellele vesi.
d) Asetage taldrik, mis mahub köögivilju katteks, ja hoidke neid vee all.
e) Asetage taldriku peale toidukindlad raskused või veega täidetud klaaskauss või -purk, et köögiviljad jääksid vee alla.
f) Katke kaanega ja hoidke jahedas, segamatus kohas umbes üks nädal või kuni see on saavutanud soovitud maitsmistaseme.
g) Tõsta purkidesse või kaussi, kata kaanega ja pane külmkappi, kus kimchi peaks säilima kuni aasta.

61.Redis Kimchi

KOOSTISOSAD:
- 2 naela Korea redist (mu), kooritud ja lõigatud 1-tollisteks kuubikuteks
- 2 spl jämedat meresoola
- 2 küüslauguküünt, hakitud
- 1 tl ingverit, riivitud
- 2 supilusikatäit Korea punase pipra helbeid (gochugaru)
- 1 spl kalakastet (valikuline, umami maitse jaoks)
- 1 supilusikatäis sojakastet (valikuline, maitse sügavuse suurendamiseks)
- 1 spl suhkrut
- 4 rohelist sibulat, hakitud
- 1 väike porgand, julieneeritud (valikuline)

JUHISED:

a) Aseta redisekuubikud suurde segamisnõusse. Puista redisele soola ja viska ühtlaseks katmiseks. Niiskuse vabastamiseks laske neil istuda umbes 30 minutit.
b) Loputage redisekuubikud külma vee all, et eemaldada liigne sool. Nõruta hästi ja tõsta need puhtasse kuiva kaussi.
c) Segage eraldi kausis hakitud küüslauk, riivitud ingver, Korea punase pipra helbed, kalakaste (kui kasutate), sojakaste (kui kasutate) ja suhkur. Sega korralikult läbi, et moodustuks pastataoline segu.
d) Lisage pasta redisekuubikutele ja viskage, et redised oleksid ühtlaselt maitsestatud. Lisa roheline sibul ja porgand (kui kasutad) ning sega kõik läbi.
e) Pakkige maitsestatud redisisegu tihedalt puhtasse klaaspurki, surudes õhutaskute eemaldamiseks alla. Jätke ülaossa umbes tolline vaba ruumi.
f) Katke purk kaanega, kuid ärge sulgege seda tihedalt, et gaas käärimise ajal välja pääseks. Asetage purk jahedasse pimedasse kohta, näiteks kappi või sahvrisse, ja laske sellel 2–5 päeva käärida. Kontrollige kimchit iga päev ja vajutage seda puhta lusikaga alla, et redised jääksid tekkiva vedeliku sisse.
g) Maitske kimchit 2 päeva pärast, et kontrollida soovitud fermentatsioonitaset. Kui sellel on tekkinud selline terav ja kergelt hapukas maitse, mida eelistate, viige purk käärimisprotsessi aeglustamiseks külmkappi. Vastasel juhul jätka kääritamist veel paar päeva, kuni saavutad soovitud maitse.
h) Redise kimchit saab nautida kohe, kuid külmkapis käärimisel areneb see maitse edasi. Külmkapis säilib mitu nädalat.

62. Kiire Kimchi kurgiga

KOOSTISOSAD:
- 2 kurki, õhukeselt viilutatud
- 1 spl meresoola
- 1 spl riivitud ingverit
- 2 küüslauguküünt, hakitud
- 2 spl riisiäädikat
- 1 spl suhkrut
- 1 spl Korea punase pipra helbed (gochugaru)

JUHISED:
a) Viska kurgiviilud üle meresoolaga ja lase neil 30 minutit seista. Kurna liigne vesi välja.
b) Kimchi pasta saamiseks segage kausis ingver, küüslauk, riisiäädikas, suhkur ja punase pipra helbed.
c) Määri kurgiviilud pastaga ja paki purki. Enne serveerimist hoia vähemalt 2 tundi külmkapis.

63. Vegan Kimchi

KOOSTISOSAD:
- 1 keskmise suurusega Napa kapsas
- 1 tass korea redis (mu), julieneeritud
- 1/2 tassi Korea jämedat meresoola
- 1 spl riivitud ingverit
- 4 küüslauguküünt, hakitud
- 3 spl sojakastet
- 2 spl suhkrut
- 1 spl Korea punase pipra helbed (gochugaru)

JUHISED:
a) Lõika Napa kapsas hammustuste suurusteks tükkideks ja julienne Korea redis.
b) Puista kapsas ja redis suures kausis Korea jämeda meresoolaga. Viska korralikult ühtlase katte tagamiseks. Laske seista umbes 2 tundi, aeg-ajalt keerates.
c) Loputage kapsas ja redis hoolikalt külma vee all, et eemaldada liigne sool. Nõruta ja tõsta kõrvale.
d) Eraldi kausis segage pasta saamiseks riivitud ingver, hakitud küüslauk, sojakaste, suhkur ja Korea punase pipra helbed (gochugaru).
e) Määrige kapsas ja redis pastaga, tagades, et need on hästi kaetud.
f) Viige segu puhtasse õhukindlasse anumasse, surudes õhumullide eemaldamiseks alla. Käärimise võimaldamiseks jätke ülaossa natuke ruumi.
g) Sulgege anum ja laske sellel umbes 2-3 päeva toatemperatuuril käärida. Pärast seda hoidke seda külmkapis.

64.Baechu Kimchi (täiskapsa kimchi)

KOOSTISOSAD:
- 1 terve Napa kapsas
- 1 tass korea redis (mu), julieneeritud
- 1/2 tassi Korea jämedat meresoola
- 1 tass vett
- 1 spl riivitud ingverit
- 5 küüslauguküünt, hakitud
- 3 spl kalakastet
- 2 spl sojakastet
- 2 spl suhkrut
- 2 supilusikatäit Korea punase pipra helbeid (gochugaru)

JUHISED:
a) Lõika kogu Napa kapsas pikuti pooleks ja seejärel kumbki pool kolmandikuks. Tulemuseks on kuus tükki.
b) Lahustage Korea jäme meresool tassis vees. Piserdage kapsast ja Korea redis selle soolase vee seguga, veendudes, et see jääks lehtede vahele. Laske seista umbes 2 tundi, aeg-ajalt keerates.
c) Loputage kapsas ja redis hoolikalt külma vee all, et eemaldada liigne sool. Nõruta ja tõsta kõrvale.
d) Segage kausis riivitud ingver, hakitud küüslauk, kalakaste, sojakaste, suhkur ja Korea punase pipra helbed (gochugaru), et tekiks pasta.
e) Määrige iga kapsaleht ja redisetükk pastaga, tagades, et need on hästi kaetud.
f) Kogu kapsa kuju muutmiseks virna kapsatükid kokku.
g) Viige kogu kapsas puhtasse õhukindlasse anumasse, surudes õhumullide eemaldamiseks alla. Käärimise võimaldamiseks jätke ülaossa natuke ruumi.
h) Sulgege anum ja laske sellel umbes 2-3 päeva toatemperatuuril käärida. Pärast seda hoidke seda külmkapis.

65. Kurk Kimchi/Oi- Sobagi

KOOSTISOSAD:
SOOLVEES
- 15 väikest kurki (1,5 kg / 3 naela 5 untsi)
- 100 g (3½ untsi) jämedat meresoola, lisaks kurkide puhastamiseks
- 1 liiter (4 tassi) vett

MARINAAD
- 60 g (2¼ untsi) riisijahu

SUPPI
- 80 g (2¾ untsi) murulauku
- 2 kevadsibulat (sibulat)
- 50 g (1¾ untsi) küüslauguküünt
- 50 g (1¾ untsi) gochugaru tšillipulber
- 50 g (1¾ untsi) fermenteeritud anšooviskaastet
- Meresool

JUHISED:
a) Valmistage beebikurgid ette: lõigake otstest 5 mm (¼ tolli) maha ja peske külma vee all, hõõrudes neid jämeda soolaga, et eemaldada nahalt mustus. Aseta suurde kaussi. Sega jäme meresool
b) 1 liiter (4 tassi) vett, kuni sool lahustub, seejärel valage kurkidele. Seisake 5–8 tundi, pöörates kurke iga 90 minuti järel ülalt alla. Kontrollimaks, kas soolvees on tehtud, voldi kurk õrnalt kokku. See peab olema elastne ja painduma ilma purunemata. Pese kurke kaks korda puhta veega ja patsuta kuivaks.
c) Valmista marinaad, asetades riisijahusupp kaussi. Pese ja lõika murulauk 1 cm (½ tolli) tükkideks. Lõika sibula sibulad tikutopsideks ja varred pikuti pooleks, seejärel 1 cm (½ tolli) tükkideks. Purusta küüslauk. Sega köögiviljad riisijahusupiga ning lisa gochugaru ja kääritatud anšoovisakaste. Maitsesta vajadusel meresoolaga.
d) Tükelda kurgid. Selleks asetage iga kurk lauale ja lõigake kaheks osaks, asetades noa ots otsast 1 cm (½ tolli) kaugusele ja tehes ettevaatlikult lõike. Kui noa tera puudutab tahvlit, haarake kurgist kinni, pöörake ja liigutage seda mööda tera üles, et see hästi eralduks. Tehke sama ka teisel küljel, nii et kurgid lõigatakse neljaks pulgaks, mis on endiselt aluse külge kinnitatud. Täida iga kurk 1 või 2 näputäie marinaadiga. Hõõru marinaad ka kurkide välisküljele.
e) Täida õhukindel anum 70% ulatuses kurkidega, asetades need kenasti tasaseks ja tehes mitu kihti. Katke kilega ja sulgege kaas tihedalt. Jätke 24 tunniks toatemperatuurile päikesevalguse eest kaitstult, seejärel hoidke külmkapis. Seda kimchit võib süüa värskelt või kääritada alates järgmisest päevast. Kurgid püsivad krõmpsuvad umbes 2 kuud.

66.Valge redis Kimchi/ Kkakdugi

KOOSTISOSAD:
SOOLVEES
- 1,5 kg (3 naela 5 untsi) kooritud valget redist (daikon), musta redist või naerist
- 40 g (1½ untsi) jämedat meresoola
- 50 g (1¾ untsi) suhkrut
- 250 ml (1 tass) gaseeritud vett

MARINAAD
- 60 g (2¼ untsi) gochugaru tšillipulber
- 110 g (3¾ untsi) tavalist (universaal) jahusuppi
- ½ pirni
- ½ sibulat
- 50 g (1¾ untsi) fermenteeritud anšooviskaastet
- 60 g (2¼ untsi) küüslauguküünt
- 1 tl jahvatatud ingverit
- 5 cm (2 tolli) porrulauk (valge osa)
- ½ supilusikatäit meresoola 2 spl suhkrut

JUHISED:

a) Lõika redis 1,2 cm (½ tolli) paksusteks osadeks ja seejärel iga osa neljandikku. Pange need kaussi ja lisage jäme meresool, suhkur ja vahuvesi. Sega kätega korralikult läbi, et suhkur ja sool oleksid hästi sisse hõõrutud. Seista umbes 4 tundi toatemperatuuril. Kui redisetükid muutuvad elastseks, on soolvesi tehtud. Loputage redisetükid üks kord vees. Laske neil vähemalt 30 minutit nõrguda.

b) Marinaadi jaoks sega gochugaru külma tavalise jahusupi hulka (sama valmistamistehnika, mis riisijahusupi puhul, lk 90).

c) Püreesta pirni-, sibula- ja kääritatud anšoovisekaste väikeses köögikombainis ning sega gochugaru tavalise jahuseguga. Purusta küüslauk ja sega koos jahvatatud ingveriga segusse. Lõika porru õhukesteks viiludeks ja sega segusse. Lõpeta maitsestamine meresoola ja suhkruga.

d) Sega redisetükid marinaadiga. Asetage õhukindlasse anumasse, täites selle 70% ulatuses. Katke kilega ja vajutage, et eemaldada võimalikult palju õhku.

e) Sulgege kaas tihedalt. Jätke 24 tunniks toatemperatuuril pimedas seisma ja seejärel hoidke külmkapis kuni 6 kuud.

f) Selle kimchi maitse on kõige parem, kui see on hästi kääritatud, mis on umbes 3 nädala pärast.

67.Murulauk Kimchi/Pa-Kimchi

KOOSTISOSAD:
SOOLVEES
- 400 g (14 untsi) küüslaugu murulauku
- 50 g (1¾ untsi) fermenteeritud anšooviskaastet

MARINAAD
- 40 g (1½ untsi) gochugaru tšillipulber
- 30 g (1 unts) riisijahusuppi
- ¼ pirni
- ¼ sibulat
- 25 g (1 unts) küüslauguküünt
- 1 spl konserveeritud sidrunit
- ½ tl jahvatatud ingverit
- 1 spl suhkrut

JUHISED:
a) Pese murulauk hästi ja eemalda juured. Asetage murulauk, sibulad esiküljega allapoole, suurde kaussi. Valage anšoovisekaste murulaugule otse alumisele osale. Kõik varred peavad olema hästi niisutatud. Aita kastet kätega laiali ajada, siludes alt üles. Iga 10 minuti järel liigutage kastet samamoodi kausi põhjast varte ülaossa ja jätkake seda 30 minutit.

b) Sega tšillipulber riisijahusupi hulka. Püreesta pirn ja sibul väikeses köögikombainis kokku ning purusta küüslauk. Sega riisijahusupiga. Vala segu murulauku sisaldavasse kaussi. Lisa konserveeritud sidrun, jahvatatud ingver ja suhkur. Segage, kattes iga murulauku varre marinaadiga.

c) Asetage õhukindlasse anumasse, täites 70% täituvuse. Katke kilega ja vajutage, et eemaldada võimalikult palju õhku. Sulgege kaas tihedalt. Jätke 24 tunniks pimedas toatemperatuuril seisma ja seejärel hoidke külmkapis kuni 1 kuu.

SAURKRAUTS

68. Põhiline hapukapsas

KOOSTISOSAD:
- 25 naela. Kapsas , loputatud ja hakitud
- 3/4 tassi marineerimissoola

JUHISED:
a) Pange kapsas anumasse ja lisage 3 supilusikatäit soola.
b) Segage puhaste kätega.
c) Pakkida kuni sool tõmbab kapsast mahla.
d) Lisa plaat ja raskused; katke anum puhta vannirätikuga.
e) Hoida temperatuuril 70–75 °F 3–4 nädalat .

69. Maitsestatud marineeritud kapsas

KOOSTISOSAD:
- 1 keskmise suurusega kapsas õhukesteks viiludeks
- 1 tass valget äädikat
- 1 tass vett
- 1/4 tassi suhkrut
- 1 spl soola
- 1 tl sinepiseemneid
- 1 tl selleriseemneid
- 1 tl kurkumit

JUHISED:
a) Sega kastrulis vesi, äädikas, suhkur, sool, sinepiseemned, selleriseemned ja kurkum.
b) Kuumuta segu keemiseni, sega, kuni suhkur ja sool lahustuvad.
c) Aseta õhukesteks viiludeks lõigatud kapsas suurde kaussi.
d) Valage kuum soolvesi kapsale, tagades, et see on täielikult vee all.
e) Laske marineeritud kapsal enne steriliseeritud purki viimist toatemperatuurini jahtuda.
f) Enne serveerimist hoia vähemalt 24 tundi külmkapis.

70.Vürtsikas Aasia marineeritud kapsas

KOOSTISOSAD:
- 1 väike kapsas, tükeldatud
- 1 tass riisiäädikat
- 1/2 tassi sojakastet
- 2 spl suhkrut
- 2 küüslauguküünt, hakitud
- 1 spl ingverit, riivitud
- 1 tl punase pipra helbeid

JUHISED:
a) Sega kausis riisiäädikas, sojakaste, suhkur, hakitud küüslauk, riivitud ingver ja punase pipra helbed.
b) Sega hästi, kuni suhkur lahustub.
c) Tõsta hakitud kapsas suurde purki ja vala vedelik peale.
d) Sulgege purk ja hoidke enne serveerimist vähemalt 2 tundi külmkapis.

71.Õunasiidri äädikas Marineeritud kapsas

KOOSTISOSAD:
- 1 väike punase kapsa pea, õhukeselt viilutatud
- 1 tass õunasiidri äädikat
- 1/2 tassi vett
- 2 supilusikatäit mett
- 1 spl soola
- 1 tl terveid musta pipra tera
- 2 loorberilehte

JUHISED:
a) Sega kastrulis õunaäädikas, vesi, mesi, sool, pipraterad ja loorberilehed.
b) Kuumuta segu keemiseni, sega, kuni mesi ja sool lahustuvad.
c) Pane viilutatud kapsas suurde kaussi ja vala peale kuum soolvesi.
d) Lase jahtuda, seejärel tõsta marineeritud kapsas purki ja hoia enne serveerimist vähemalt 4 tundi külmkapis.

72.Tilli ja küüslaugu marineeritud kapsas

KOOSTISOSAD:
- 1 keskmine roheline kapsas, hakitud
- 1 1/2 tassi valget äädikat
- 1 tass vett
- 3 supilusikatäit suhkrut
- 2 spl soola
- 3 küüslauguküünt, purustatud
- 2 spl värsket tilli, hakitud

JUHISED:
a) Sega potis valge äädikas, vesi, suhkur, sool, purustatud küüslauk ja hakitud till.
b) Kuumuta segu kuni suhkur ja sool lahustuvad.
c) Tõsta hakitud kapsas suurde purki ja vala peale kuum soolvesi.
d) Lase jahtuda, seejärel hoia enne nautimist vähemalt 12 tundi külmkapis.

73.Õuna ja porgandi hapukapsas

KOOSTISOSAD:
- 1 keskmise suurusega roheline kapsas, hakitud
- 1 suur porgand, riivitud
- 1 õun, riivitud
- 1 spl köömneid
- 1 spl meresoola

JUHISED:
a) Sega suures kausis kokku hakitud kapsas, riivitud porgand, riivitud õun, köömneseemned ja meresool.
b) Masseerige segu, kuni köögiviljad vabastavad oma mahla.
c) Pakkige segu puhtasse käärituspurki, veendudes, et see on oma mahladesse uputatud.
d) Asetage peale raskus, et köögiviljad jääksid vee alla.
e) Kata purk ja lase 1-2 nädalat toatemperatuuril käärida.
f) Maitske hapukapsast ja kui see saavutab soovitud maitse, jahutage see.

74. Ingveri ja kurkumi hapukapsas

KOOSTISOSAD:
- 1 keskmise suurusega roheline kapsas, hakitud
- 1 spl värsket ingverit, riivitud
- 1 tl jahvatatud kurkumit
- 1 spl meresoola

JUHISED:
a) Segage suures kausis hakitud kapsas, riivitud ingver, jahvatatud kurkum ja meresool.
b) Masseerige segu kapsamahlade vabastamiseks.
c) Pakkige segu puhtasse käärituspurki, veendudes, et see on vee all ja lisage sellele raskus.
d) Kata purk ja lase 1-2 nädalat toatemperatuuril käärida.
e) Maitske hapukapsast ja kui see saavutab soovitud maitse, viige see külmkappi.

75. Jalapeño ja küüslaugu-hapukapsas

KOOSTISOSAD:
- 1 keskmise suurusega roheline kapsas, hakitud
- 2-3 jalapeño paprikat õhukesteks viiludeks
- 3 küüslauguküünt, hakitud
- 1 spl köömneid
- 1 spl meresoola

JUHISED:
a) Segage suures kausis hakitud kapsas, viilutatud jalapeñod, hakitud küüslauk, köömned ja meresool.
b) Masseerige segu, kuni kapsas vabastab oma mahla.
c) Pakkige segu puhtasse käärituspurki, veendudes, et see on vee all, ja asetage sellele raskus.
d) Kata purk ja lase 1-2 nädalat toatemperatuuril käärida.
e) Maitske hapukapsast ja kui see saavutab soovitud maheduse, viige see külmkappi.

76.Peet ja kapsas Hapukapsas

KOOSTISOSAD:
- 1 keskmise suurusega roheline kapsas, hakitud
- 2 keskmise suurusega peeti, kooritud ja riivitud
- 1 spl köömneid
- 1 spl meresoola

JUHISED:
a) Sega suures kausis hakitud kapsas, riivitud peet, köömned ja meresool.
b) Masseerige segu, kuni köögiviljad vabastavad oma mahla.
c) Pakkige segu puhtasse käärituspurki, veendudes, et see on vee all, ja asetage sellele raskus.
d) Kata purk ja lase 1-2 nädalat toatemperatuuril käärida.
e) Maitske hapukapsast ja kui see saavutab soovitud maheduse, viige see külmkappi.

77.Ananassi Jalapeño hapukapsas

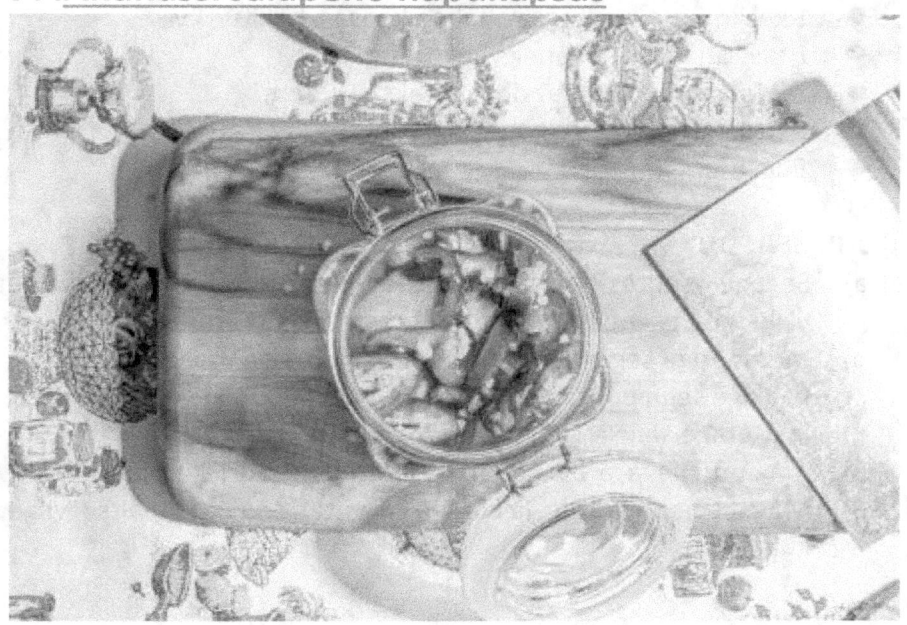

KOOSTISOSAD:
- 1 keskmise suurusega roheline kapsas, hakitud
- 1 tass ananassi, peeneks hakitud
- 2-3 jalapeño paprikat õhukesteks viiludeks
- 1 spl köömneid
- 1 spl meresoola

JUHISED:
a) Segage suures kausis hakitud kapsas, tükeldatud ananass, viilutatud jalapeñod, köömne seemned ja meresool.
b) Masseerige segu, kuni kapsas vabastab oma mahla.
c) Pakkige segu puhtasse käärituspurki, veendudes, et see on vee all, ja asetage sellele raskus.
d) Kata purk ja lase 1-2 nädalat toatemperatuuril käärida.
e) Maitske hapukapsast ja kui see saavutab soovitud maitse, viige see külmkappi.

78. Curry Kraut

KOOSTISOSAD:
- 1 keskmise suurusega roheline kapsas, hakitud
- 1 spl karripulbrit
- 1 spl meresoola

JUHISED:
a) Segage suures kausis hakitud kapsas, karripulber ja meresool.
b) Masseerige segu, kuni kapsas vabastab oma mahla.
c) Pakkige segu puhtasse käärituspurki, veendudes, et see on vee all, ja asetage sellele raskus.
d) Kata purk ja lase 1-2 nädalat toatemperatuuril käärida.
e) Maitske hapukapsast ja kui see saavutab soovitud maheduse, viige see külmkappi.

79.Apelsini ja rosmariini hapukapsas

KOOSTISOSAD:
- 1 keskmise suurusega roheline kapsas, hakitud
- 1 apelsini koor
- 1 spl värsket rosmariini, hakitud
- 1 spl meresoola

JUHISED:
a) Segage suures kausis hakitud kapsas, apelsinikoor, hakitud rosmariin ja meresool.
b) Masseerige segu, kuni kapsas vabastab oma mahla.
c) Pakkige segu puhtasse käärituspurki, veendudes, et see on vee all, ja asetage sellele raskus.
d) Kata purk ja lase 1-2 nädalat toatemperatuuril käärida.
e) Maitske hapukapsast ja kui see saavutab soovitud maitse, viige see külmkappi.

80.Tilli hapukurk Hapukapsas

KOOSTISOSAD:
- 1 keskmise suurusega roheline kapsas, hakitud
- 3 spl värsket tilli, hakitud
- 1 spl terveid sinepiseemneid
- 1 spl meresoola

JUHISED:
a) Sega suures kausis kokku hakitud kapsas, hakitud värske till, sinepiseemned ja meresool.
b) Masseerige segu, kuni kapsas vabastab oma mahla.
c) Pakkige segu puhtasse käärituspurki, veendudes, et see on vee all, ja asetage sellele raskus.
d) Kata purk ja lase 1-2 nädalat toatemperatuuril käärida.
e) Maitske hapukapsast ja kui see saavutab soovitud maheduse, viige see külmkappi.

81. Suitsupaprika hapukapsas

KOOSTISOSAD:
- 1 keskmise suurusega roheline kapsas, hakitud
- 1 spl suitsupaprikat
- 1 spl köömneid
- 1 spl meresoola

JUHISED:
a) Sega suures kausis kokku hakitud kapsas, suitsupaprika, köömned ja meresool.
b) Masseerige segu, kuni kapsas vabastab oma mahla.
c) Pakkige segu puhtasse kääredituspurki, veendudes, et see on vee all, ja asetage sellele raskus.
d) Kata purk ja lase 1-2 nädalat toatemperatuuril käärida.
e) Maitske hapukapsast ja kui see saavutab soovitud maheduse, viige see külmkappi.

MARINEERITUD TŠATNID JA MAITSEAINED

82. Chayote Pear Relish

KOOSTISOSAD:
- 2 tassi hakitud punast paprikat
- 1 tl jahvatatud kõrvitsapiruka vürtsi
- 2 tl konservisoola
- 3 tassi hakitud sibulat
- 3 1/2 tassi kooritud, kuubikuteks lõigatud Seckeli pirnid
- 3 1/2 tassi chayote, kooritud, seemnetega ja kuubikutega
- 2 Serrano paprikat, tükeldatud
- 1 tl jahvatatud piment
- 1 1/2 tassi vett
- 1 tass valget suhkrut
- 2 1/2 tassi siidri 5% äädikat
- 2 tassi hakitud kollast paprikat

JUHISED:
a) Keeda äädikas, vesi, suhkur, sool ja vürtsid Hollandi ahjus.
b) Lisa hakitud sibul ja paprika; keema uuesti 2 minutiks, liikudes juhuslikult.
c) Lisa c hayote ja pirnid.
d) Kulp kuivained purkidesse, jättes 1-tollise ruumi.
e) Vala peale küpsetusvedelik, jättes 1/2-tollise ruumi.
f) Vabastage õhumullid.
g) Sulgege purgid tihedalt, seejärel kuumutage 5 minutit veevannis.

83. Tangy Tomatillo Relish

KOOSTISOSAD:
- 12 tassi tükeldatud tomatit
- 3 tassi hakitud jicama
- 3 tassi hakitud sibulat
- 6 tassi hakitud ploomi-tüüpi tomateid
- 1-1/2 tassi hakitud rohelist paprikat
- 1-1/2 tassi hakitud punast paprikat
- 1-1/2 tassi hakitud kollast paprikat
- 1 tass konserveerimissoola
- 2 liitrit vett
- 6 supilusikatäit tervet segatud marineerimisvürtsi
- 1 supilusikatäis purustatud punase pipra lakke (valikuline)
- 6 tassi suhkrut
- 6-1/2 tassi siidri äädikat (5%)

JUHISED:
a) Eemaldage tomatitelt kestad ja peske hästi. Koori jicama ja sibul. Enne kärpimist ja tükeldamist peske kõik köögiviljad hästi.
b) Asetage tükeldatud tomatillod, jicama, sibul, tomatid ja kõik paprikad 4-liitrisesse Hollandi ahju või kastrulisse. Lahusta konserveerimissool vees. Vala ettevalmistatud köögiviljadele. Kuumuta keemiseni; hauta 5 minutit.
c) Nõruta hoolikalt läbi marli vooderdatud sõela (kuni vett enam ei tilgu, umbes 15–20 minutit).
d) Asetage marineerimisvürts ja valikulised punase pipra lakid puhtale kahekihilisele 6-tollisele ruudukujulisele tükile

84.Marineeritud roheliste tomatite maitse

KOOSTISOSAD:
- 10 naela. väikesed kõvad rohelised tomatid
- 1-1/2 naela. punane paprika
- 1-1/2 naela. roheline paprika
- 2 naela. sibulad
- 1/2 tassi konserveerimis- või marineerimissoola
- 1 liitrit vett
- 4 tassi suhkrut
- 1-liitrine äädikas (5%)
- 1/3 tassi valmistatud kollast sinepit
- 2 supilusikatäit maisitärklist

JUHISED:
a) Pese ja riivi või tükelda jämedalt tomatid, paprika ja sibul. Lahustage sool vees ja valage suures veekeetjas köögiviljadele. Kuumuta keemiseni ja hauta 5 minutit. Nõruta kurnis. Pange köögiviljad tagasi veekeetjasse.
b) Lisa suhkur, äädikas, sinep ja maisitärklis. Sega segamiseks. Kuumuta keemiseni ja hauta 5 minutit.
c) Täitke kuumad steriilsed pintipurgid kuuma maitsega, jättes 1/2-tollise vaba ruumi.
d) Eemaldage õhumullid ja reguleerige vajadusel õhuruumi. Pühkige purkide ääred niisutatud puhta paberrätikuga.
e) Reguleerige kaaned ja töötlege.

85.Mango ingveri salsa

KOOSTISOSAD:
- 6 tassi kuubikuteks lõigatud küpset mangot
- 2 teelusikatäit hakitud ingver
- 1 1/2 tassi kuubikuteks lõigatud punast paprikat
- 1/2 tassi kollast sibulat, hakitud
- 1/2 tassi vett
- 1/4 tassi siidri 5% äädikat
- 1/2 tl purustatud punase pipra helbeid
- 2 teelusikatäit hakitud küüslauk
- 1 tass pruuni suhkrut

JUHISED:
a) Sega koostisained Hollandi ahjus või potis.
b) Keeda kõrgel kuumusel , samal ajal segades .
c) S hauta 5 minutit.
d) Täida purkidesse, jättes 1/2-tollise ruumi .
e) Vabastage õhumullid.
f) Sulgege purgid tihedalt, seejärel kuumutage 5 minutit veevannis.

86. Hapukurk Relish

KOOSTISOSAD:
- 3 liitrit hakitud kurki
- 3 tassi hakitud magusat rohelist ja punast paprikat
- 1 tass hakitud sibulat
- 3/4 tassi konserveerimis- või marineerimissoola
- 4 tassi jääd
- 8 tassi vett
- 2 tassi suhkrut
- 4 teelusikatäit sinepiseemneid, kurkumit, tervet vürtspipart ja tervet nelki
- 6 tassi valget äädikat (5%)

JUHISED:
a) Lisage veele kurgid, paprika, sibul, sool ja jää ning laske 4 tundi seista. Nõruta ja kata köögiviljad veel tund aega värske jääveega. Nõruta uuesti.
b) Kombineeri vürtsid vürtsi- või marlikotis. Lisage vürtsid suhkrule ja äädikale. Kuumuta keemiseni ja vala segu köögiviljadele.
c) Katke ja jahutage 24 tundi. Kuumuta segu keemiseni ja kuumalt kuumadesse purkidesse, jättes 1/2-tollise vaba ruumi.
d) Eemaldage õhumullid ja reguleerige vajadusel õhuruumi. Pühkige purkide ääred niisutatud puhta paberrätikuga.
e) Reguleerige kaaned ja töötlege.

87.Tomatillo ja avokaado maitse

KOOSTISOSAD:
- 6-8 tomatit, kooritud ja pestud
- 3 tugevat küpset avokaadot, kuubikuteks
- 1–2 jalapenot, hakitud väga väikeseks
- 2 laimi mahl
- 2 teelusikatäit mett
- 1 šalottsibul, hakitud
- 1 küüslauguküüs, hakitud
- 3 rohelist sibulat, õhukeselt viilutatud
- 1 väike hunnik koriandrit, tükeldatud
- koššersool ja värskelt jahvatatud pipar maitse järgi

JUHISED:
a) Tükeldage pooled tomatillost ja pange kaussi. Lisa kuubikuteks lõigatud avokaado, jalapenod, küüslauk, šalottsibul, roheline sibul ja koriander.
b) Lõika ülejäänud tomatid neljaks ja pane väikesesse köögikombaini või blenderisse. Lisa laimimahl ja mesi ning vahusta paar korda, kuni tomatid on peeneks hakitud.
c) Ära püreesta üle, tahad veidi tekstuuri säilitada. Lisage segu kuubikuteks lõigatud tomatillode ja avokaadoga, soola (alustage 1/2 teelusikatäit) ja pipraga ning segage õrnalt.
d) Maitsesta maitsestamiseks. See säilib õhukindlas anumas umbes 2 päeva.

88.Marineeritud paprika-sibula maitse

KOOSTISOSAD:
- 6 tassi hakitud sibulat
- 3 tassi hakitud magusat punast paprikat
- 3 tassi hakitud rohelist paprikat
- 1-1/2 tassi suhkrut
- 6 tassi äädikat (5%), eelistatavalt valge destilleeritud
- 2 supilusikatäit konserveerimis- või marineerimissoola

JUHISED:
a) Pese ja tükelda köögiviljad. Kombineeri kõik koostisosad ja keeda õrnalt, kuni segu pakseneb ja maht väheneb poole võrra (umbes 30 minutit).
b) Täitke kuumad steriilsed purgid kuuma maitsega, jättes 1/2-tollise vaba ruumi, ja sulgege need tihedalt.
c) Hoida külmkapis ja kasutada ühe kuu jooksul.

89.Marineeritud maisi maitseaine

KOOSTISOSAD:
- 10 tassi värsket terve tuumaga maisi
- 2-1/2 tassi kuubikuteks lõigatud magusat punast paprikat
- 2-1/2 tassi kuubikuteks lõigatud magusat rohelist paprikat
- 2-1/2 tassi hakitud sellerit
- 1-1/4 tassi tükeldatud sibulat
- 1-3/4 tassi suhkrut
- 5 tassi äädikat (5%)
- 2-1/2 supilusikatäit konserveerimis- või marineerimissoola
- 2-1/2 tl selleriseemneid
- 2-1/2 supilusikatäit kuiva sinepit
- 1-1/4 teelusikatäit kurkumit

JUHISED:
a) Keeda maisikõrvu 5 minutit. Kasta külma vette. Lõika tõlvikust terved tuumad või kasutage kuut 10-untsist külmutatud maisi pakki.
b) Sega kastrulis paprika, seller, sibul, suhkur, äädikas, sool ja selleriseemned.
c) Kuumuta keemiseni ja keeda aeg-ajalt segades 5 minutit. Sega sinep ja kurkum 1/2 tassi keedetud segus. Lisa see segu ja mais kuumale segule.
d) Hauta veel 5 minutit. Soovi korral paksendage segu lour- pastaga (1/4 tassi lour segatud 1/4 tassi veega) ja segage sageli. Täitke kuumad purgid kuuma seguga, jättes 1/2-tollise vaba ruumi.
e) Eemaldage õhumullid ja reguleerige vajadusel õhuruumi. Pühkige purkide ääred niisutatud puhta paberrätikuga.
f) Reguleerige kaaned ja töötlege.

90.Vürtsikas Jicama Relish

KOOSTISOSAD:
- 9 tassi kuubikuteks lõigatud jicama
- 1 spl tervet segatud marineerimisvürtsi
- 1 kahetolline kaneelipulk
- 8 tassi valget äädikat (5%)
- 4 tassi suhkrut
- 2 tl purustatud punast pipart
- 4 tassi kuubikuteks lõigatud kollast paprikat
- 4-1/2 tassi kuubikuteks lõigatud punast paprikat
- 4 tassi hakitud sibulat
- 2 värsket näppu – terav paprika (igaüks umbes 6 tolli), tükeldatud ja osaliselt seemnetest eemaldatud

JUHISED:
a) Ettevaatust: kandke plast- või kummikindaid ja ärge puudutage oma nägu kuuma paprika käsitsemise või lõikamise ajal. Peske, koorige ja lõigake jicama; täringut.
b) Asetage marineerimisvürts ja kaneel puhtale kahekihilisele 6-tollisele 100% puuvillasest marlitükile.
c) Too nurgad kokku ja seo puhta nööriga kinni. (Või kasutage ostetud musliini vürtsikotti.)
d) 4-liitrises Hollandi ahjus või kastrulis kombineerige marineerimisvürtskoti, äädika, suhkru ja purustatud punase pipraga. Kuumuta keemiseni, sega suhkru lahustamiseks. Sega juurde kuubikuteks lõigatud jicama, paprika, sibul ja sõrmik – kuumad. Vala segu tagasi keemiseni.
e) Alanda kuumust ja hauta kaane all keskmisel-madalal kuumusel umbes 25 minutit. Viska ära vürtsikott. Täitke mõnu kuumadesse pintipurkidesse, jättes 1/2-tollise vaba ruumi. Kata kuuma marineerimisvedelikuga, jättes 1/2-tollise vaba ruumi.
f) Eemaldage õhumullid ja reguleerige vajadusel õhuruumi. Pühkige purkide ääred niisutatud puhta paberrätikuga.
g) Reguleerige kaaned ja töötlege.

91.Marineeritud roheliste tomatite maitse

KOOSTISOSAD:
- 1 1/2 naela. punane paprika , pestud ja tükeldatud
- 2 naela. sibul , pestakse ja tükeldatakse
- 1/2 tassi marineerimissoola
- 10 naela. rohelised tomatid , pestud ja tükeldatud
- 1 liitrit vett
- 4 tassi suhkrut
- 1 1/2 naela. roheline paprika , pestud ja tükeldatud
- 1 liiter 5% äädikat
- 1/3 tassi kodus valmistatud kollast sinepit
- 2 supilusikatäit maisitärklist

JUHISED:
a) Lahusta sool ja vala köögiviljadele .
b) Kuumuta keemiseni ja keeda 5 minutit.
c) Nõruta kurnis. Pange köögiviljad tagasi veekeetjasse.
d) Lisa suhkur, äädikas, sinep ja maisitärklis. Sega segamiseks.
e) Kuumuta keemiseni ja keeda 5 minutit.
f) Täitke kuumad steriilsed pintipurgid kuuma maitsega, jättes 1/2 tolli ruumi .
g) Vabastage õhumullid.
h) Sulgege purgid tihedalt, seejärel kuumutage 5 minutit veevannis.

92.Marineeritud paprika-sibula maitse

KOOSTISOSAD:
- 6 tassi hakitud sibulat
- 3 tassi hakitud rohelist paprikat
- 1 1/2 tassi suhkrut
- 3 tassi hakitud magusat punast paprikat
- 6 tassi 5% äädikat, eelistatavalt valget destilleeritud
- 2 supilusikatäit marineerimissool

JUHISED:
a) Sega kõik koostisosad ja keeda kuni segu pakseneb umbes 30 minutit.
b) Valage purgid kuuma maitsega, jättes 1/2 tolli ruumi , ja sulgege need tihedalt.

93.Vürtseeritud virsiku-õunasalsa

KOOSTISOSAD:
- 6 tassi hakitud roma tomateid , pestud ja kooritud
- 2 1/2 tassi tükeldatud kollast sibulat
- 10 tassi tükeldatud kõvaks küpsemata virsikuid
- 2 tassi tükeldatud Granny Smithi õunu , südamikuga
- 4 supilusikatäit segatud marineerimisvürtsi
- 2 1/4 tassi siidri 5% äädikat
- 1 supilusikatäis konservisoola
- 2 tl purustatud punase pipra helbeid
- 3 3/4 tassi pruuni suhkrut
- 2 tassi hakitud rohelist paprikat

JUHISED:
a) Aseta marineerimisvürts kahekihilisele pinnale marli. Viige nurgad kokku ja siduge need kinni .
b) Kombineerige tükeldatud tomatid, sibulad ja paprikad Hollandi ahjus või kastmepotis.
c) Sukelduge virsikud 10 minutit askorbiinhappe lahuses.
d) Kastke õunad 10 minutiks askorbiinhappe lahusesse.
e) Lisa köögiviljadega kastmepotti tükeldatud virsikud ja õunad.
f) Lisa vürtsikott , sool, piprahelbed, pruun suhkur ja äädikas.
g) Hauta 30 minutit, aeg-ajalt liigutades .
h) Eemaldage vürtsikott ja visake ära.
i) Pane salsa kuivained kuumadesse pintipurkidesse, jättes 1/4 tolli ruumi .
j) Kata keeduvedelikuga, jättes 1/2-tollise ruumi .
k) Vabastage õhumullid.
l) Sulgege purgid tihedalt, seejärel kuumutage 5 minutit veevannis.

94.Vürtsikas kaneeli jicama maitse

KOOSTISOSAD:
- 9 tassi kuubikuteks lõigatud jicama
- 1 kahetolline kaneelipulk
- 4 tassi hakitud sibulat
- 4 tassi suhkrut
- 2 tl purustatud punast pipart
- 4 tassi kuubikuteks lõigatud kollast paprikat
- 8 tassi 5% valget äädikat
- 1 spl tervet segatud marineerimisvürtsi
- 4 1/2 tassi kuubikuteks lõigatud punast paprikat
- 2 värsket sõrme terav paprika, hakitud ja osaliselt seemnetest

JUHISED:
a) Asetage marineerimisvürts ja kaneel kahekihilisele marlilapile.
b) Voldi ja t ie nööriga.
c) Hollandi ahjus kombineerige marineerimisvürtskoti, äädika, suhkru ja punase pipraga.
d) Keeda , segades suhkru lahustamiseks.
e) Segage jicama, paprika, sibul ja f inger kuumad. Vala segu tagasi keemiseni.
f) Hauta madalal kuumusel kaane all umbes 25 minutit. Visake vürtsikott ära.
g) Täida kuumadesse pintipurkidesse, jättes 1/2-tollise ruumi.
h) Kata kuuma marineerimisvedelikuga, jättes 1/2 tolli ruumi.
i) Vabastage õhumullid.
j) Sulgege purgid tihedalt, seejärel kuumutage 5 minutit veevannis.

95. Jõhvika apelsini Chutney

KOOSTISOSAD:
- 24 untsi terveid jõhvikaid , loputatud
- 2 tassi valget sibulat , hakitud
- 4 tl ingverit , kooritud, riivitud
- 2 tassi kuldset rosinat
- 1 1/2 tassi valget suhkrut
- 2 tassi 5% valget destilleeritud äädikat
- 1 1/2 tassi pruuni suhkrut
- 1 tass apelsinimahla
- 3 pulka kaneeli

JUHISED:
a) Kombineeri kõik koostisosad Hollandi ahju kasutamine . Keeda kõrgel kuumusel ; hauta 15 minutit .
b) Eemaldage kaneelipulgad ja visake ära.
c) Täida purkidesse , jättes 1/2-tollise ruumi .
d) Vabastage õhumullid.
e) Sulgege purgid tihedalt, seejärel kuumutage 5 minutit veevannis.

96. Mango Chutney

KOOSTISOSAD:
- 11 tassi hakitud küpset mangot
- 2 1/2 supilusikatäit riivitud värsket ingverit
- 4 1/2 tassi suhkrut
- 1 tl konservisoola
- 1 1/2 supilusikatäit hakitud värske küüslauk
- 3 tassi 5% valget destilleeritud äädikat
- 2 1/2 tassi s kollast sibulat, hakitud
- 2 1/2 tassi kuldseid rosinaid
- 4 tl tšillipulbrit r

JUHISED:
a) Sega suhkur ja äädikas a stockpot. Tooge 5 minutit. Lisa kõik muud koostisosad.
b) Hauta 25 minutit, aeg-ajalt liigutades .
c) Valage segu purkidesse , jättes 1/2 tolli ruumi . Vabastage õhumullid.
d) Sulgege purgid tihedalt, seejärel kuumutage 5 minutit veevannis.

97. Jõhvika-apelsini maitse ingveriga

KOOSTISOSAD:
- 2 tassi värskeid jõhvikaid
- 1 apelsini koor ja mahl
- 1/2 tassi pruuni suhkrut
- 1 spl värsket ingverit, riivitud
- 1/4 tl kaneeli
- Näputäis soola

JUHISED:
a) Puista köögikombainis värsked jõhvikad jämedalt hakitud.
b) Tõsta tükeldatud jõhvikad kaussi ja lisa apelsinikoor, apelsinimahl, fariinsuhkur, riivitud ingver, kaneel ja näpuotsaga soola. Sega hästi.
c) Laske maitsetel vähemalt 30 minutit seista, et maitsed sulaksid.
d) Viige jõhvika-apelsini maitse puhastesse purkidesse, sulgege ja jahutage.
e) See vürtsikas ja magus maitse sobib hästi linnuliharoogadega või pidulikuks lisandiks pühadetoitude kõrvale.

98. Marineeritud viigimarja ja punase sibula chutney

KOOSTISOSAD:
- 2 tassi värskeid viigimarju, neljaks lõigatud
- 1 suur punane sibul, õhukeselt viilutatud
- 1 tass punase veini äädikat
- 1/2 tassi mett
- 1 tl sinepiseemneid
- 1/2 tl musta pipart
- Näputäis soola

JUHISED:
a) Sega potis neljaks lõigatud viigimarjad, õhukesteks viiludeks lõigatud punane sibul, punase veini äädikas, mesi, sinepiseemned, must pipar ja näpuotsaga soola.
b) Kuumuta segu keemiseni ja küpseta, kuni viigimarjad ja sibul on pehmenenud.
c) Enne puhastesse purkidesse viimist laske chutneyl jahtuda. Sulgege ja jahutage.

99. Röstitud punane pipar ja pähkel

KOOSTISOSAD:
- 2 suurt punast paprikat, röstitud, kooritud ja kuubikuteks lõigatud
- 1/2 tassi kreeka pähkleid, röstitud ja hakitud
- 2 küüslauguküünt, hakitud
- 2 spl punase veini äädikat
- 2 spl oliiviõli
- 1 tl suitsupaprikat
- Sool ja must pipar maitse järgi

JUHISED:
a) Sega kausis röstitud ja kuubikuteks lõigatud punane paprika, röstitud ja hakitud kreeka pähklid, hakitud küüslauk, punase veini äädikas, oliiviõli, suitsupaprika, sool ja must pipar.
b) Segage koostisained hoolikalt, kuni need on hästi segunenud.
c) Maitsete tugevdamiseks laske roogil seista vähemalt 30 minutit.
d) Viige röstitud punane pipar ja kreeka pähkli maitse puhastesse purkidesse, sulgege ja jahutage.
e) See maitseaine on mitmekülgne lisand, mis sobib suurepäraselt võileibadele määrimiseks või grillitud köögiviljade kõrvale serveerimiseks.

100. Ananassi piparmündi chutney

KOOSTISOSAD:
- 2 tassi värsket ananassi, tükeldatud
- 1/2 tassi punast sibulat, peeneks hakitud
- 1/4 tassi värskeid piparmündi lehti, hakitud
- 1 jalapeño pipar, peeneks hakitud
- 2 spl laimimahla
- 2 supilusikatäit mett
- Näputäis soola

JUHISED:
a) Sega kausis kuubikuteks lõigatud värske ananass, peeneks hakitud punane sibul, hakitud värsked piparmündilehed, peeneks hakitud jalapeño pipar, laimimahl, mesi ja näputäis soola.
b) Sega koostisained korralikult läbi, et maitsed jaotuks ühtlaselt.
c) Enne serveerimist lase chutneyl vähemalt 1 tund külmkapis jahtuda.
d) Serveerige seda ananass-mündi chutney't grillitud kana, kala või tacode lisandina.

KOKKUVÕTE

Kui me lõpetame oma maitseka teekonna läbi "100 marinaadiretsepti, mida saab soolata, praadida ja süüa", loodame, et olete avastanud rõõmu tavalistest koostisosadest erakordseteks marineeritud naudinguteks. Iga retsept nendel lehtedel annab tunnistust marineerimisega kaasnevast loomingulisusest, mitmekülgsusest ja maitsvast maitsest.

Olenemata sellest, kas olete maitsnud klassikaliste tillihapukurkide krõmpsu, nautinud marineeritud puuviljade magusaid ja teravaid noote või nautinud praetud hapukurgi krõbedat maitset, usume, et need 100 retsepti on teie kulinaarse kujutlusvõime äratanud. Lisaks purkidele ja soolveele võib marineerimiskunst saada inspiratsiooniallikaks, lisades teie toidule maitsepuhangu ja põnevust.

Kui jätkate marineerimise maailma avastamist, võib "Pickled" olla teie usaldusväärne kaaslane, kes juhatab teid läbi uute maitsekombinatsioonide, leidlike tehnikate ja lõputute võimaluste muuta igapäevased koostisosad marineeritud täiuslikuks. Siin on veetlev krõmps, julged maitsed ja lõputu marineerimisrõõm – tervituseks maailmale, mis on täis teravat headust!

www.ingramcontent.com/pod-product-compliance
Lightning Source LLC
Chambersburg PA
CBHW071849110526
44591CB00011B/1353